国家自然科学基金资助项目(71202129)
中国博士后科学基金第六批特别资助项目(2013T60179)　　资　助
中国科学院王宽诚博士后工作奖励基金

技术学习惯例
知识情境与创新

郭京京／著

Technological Learning Routine
Knowledge Context and Innovation

科学出版社
北　京

图书在版编目(CIP)数据

技术学习惯例：知识情境与创新/郭京京著．—北京：科学出版社，2015.11
 ISBN 978-7-03-046452-1

Ⅰ. ①技… Ⅱ. ①郭… Ⅲ. ①企业-技术开发-研究-中国
Ⅳ. ①F279.23

中国版本图书馆 CIP 数据核字（2015）第 277114 号

责任编辑：牛 玲 张翠霞/责任校对：张怡君
责任印制：李 彤/封面设计：无极书装
编辑部电话：010-64035853
E-mail：houjunlin@mail.sciencep.com

科学出版社 出版
北京东黄城根北街 16 号
邮政编码：100717
http://www.sciencep.com
北京凌奇印刷有限责任公司 印刷
科学出版社发行 各地新华书店经销
*
2016 年 1 月第 一 版 开本：720×1000 B5
2022 年 2 月第四次印刷 印张：13 1/4
字数：210 000
定价：72.00 元
（如有印装质量问题，我社负责调换）

前 言

在过去三十余年间,产业集群在经济系统中扮演了日益重要的角色,其有效促进了经济增长、提高了国家竞争力。尽管中国的制造业产业集群取得快速发展,但现阶段产业集群内企业的生产研发能力总体水平仍然不高,大多数企业从事的是来料加工等处于价值链低端的环节,拥有自主品牌和知识产权的企业仅占少数。对产业集群内的企业而言,技术学习是其往价值链高端进行产业升级的重要手段。

基于这一现实背景,现有研究大多关注产业集群中以知识视角为基础的学习和创新行为,特别是企业层面的技术学习和创新过程,以深入探讨集群企业技术能力和创新绩效的提升机制。但总体而言,现有研究仍存在以下三点不足:

(1) 大多关注企业技术学习的单一渠道或机制,相对而言从技术学习机制的系统视角对企业技术学习行为与机制的研究较少;

(2) 大多关注的是企业技术学习的网络属性影响因素和企业特征影响因素,对于知识属性影响因素的研究相对不足,并导致目前我们对于知识属性对企业绩效的作用机制知之甚少;

(3) 大多数研究仅对惯例(routine)进行了定性描述,忽视了对技术学习惯例的测度与实证研究，导致目前对于技术学习惯例在技术学习与企业创新绩效之间扮演何种角色这一问题仍很不清晰。

基于上述不足，本书提出以下三个研究问题：

(1) 知识属性如何影响企业的技术学习策略？网络属性如何在知识属性与企业的技术学习策略之间起调制作用？

(2) 知识属性如何通过决定企业的技术学习惯例，从而对企业创新绩效产生影响？

(3) 技术学习策略如何通过决定企业的技术学习惯例，从而对企业创新绩效产生影响？

具体而言，本书开展了以下三方面研究，分别对这三个研究问题进行实证检验和分析。

(1) 研究一：关注知识属性对企业技术学习策略的作用机制，构建知识缄默性和知识异质性影响技术学习策略的概念模型，并进一步提出网络中心性调制知识缄默性与企业技术学习策略之间关系的相关假设。基于对 231 家产业集群企业的问卷调研，本研究运用了信度检验、效度检验、多元线性回归等方法对概念模型进行检验。

(2) 研究二：关注知识属性对企业技术创新绩效的作用机制，构建了知识缄默性和知识异质性通过技术学习惯例强度和多样性影响企业创新绩效的概念模型。基于对 231 家产业集群企业的问卷调研，本研究运用了信度检验、效度检验、结构方程建模等方法对概念模型进行检验和修正。

(3) 研究三：关注技术学习策略对企业技术创新绩效的作用机制，构建了技术学习策略通过技术学习惯例强度和多样性影响企业创新绩效的概念模型。本研究采用案例研究方法对概念模型进行检验和修正。

根据这三个子研究，本书得出以下三点主要的研究结论。

(1) 知识属性对企业的技术学习策略存在显著影响，网络中心性在知识缄默性影响企业技术学习策略的关系中起到重要的调制作用。本书将技术学习策略区分为深度优先的外部知识获取策略和广度优先的外部知识获取策略。针对子研究一的相关假设，本书具体采用多元线性回归方法对 231 家企业的问卷数据进行实证分析，结果表明：知识缄默性对深度优先的外部知识获取策略存在显著的正向影响，知识缄默性对广度优先的外部知识获取策略存在显著的负向影响；知识异质性对广度优先的外部知识获取策略存在显著的负向影响；网络中心性对知识缄默性与深度优先的外部知识获取策略之间的关系起到正向的调制作用，网络中心性对知识缄默性与广度优先的外部知识获取策略之间的关系起到负向的调制作用。

（2）知识属性通过技术学习惯例的中介作用影响企业的创新绩效。本书构建了技术学习惯例的形成过程及其在知识管理不同阶段具体的行为模式，以此为依据对技术学习惯例进行测度。具体地，本书采用结构方程建模对子研究二的相关假设进行验证，实证结果表明：知识缄默性和知识异质性均对企业的技术创新绩效存在显著的正向影响；此外，技术学习惯例强度和技术学习惯例多样性在知识缄默性影响企业创新绩效的机制中起中介作用，技术学习惯例多样性在知识异质性影响企业创新绩效的机制中起中介作用。

（3）技术学习策略通过技术学习惯例的中介作用影响企业创新绩效。本书采用案例研究方法对子研究三进行实证分析，结果表明：技术学习惯例强度在深度优先的外部知识获取策略影响技术创新绩效的机制中起中介作用，技术学习惯例多样性在广度优先的外部知识获取策略影响技术创新绩效的机制中起中介作用。

以上研究结论拓展了技术学习的影响因素研究，以及技术创新绩效的提升机制相关研究。具体而言，本书在以下三个方面对现有研究进行了深化。

（1）从技术学习渠道的组合视角，系统地探讨了知识属性对于企业技术学习策略的影响机制，证实了网络中心性对知识缄默性与技术学习策略关系所起的调制作用。首先，本书系统地考虑了企业技术学习的不同渠道，基于17种知识获取渠道从学习渠道组合的层面将企业的技术学习策略划分为深度优先的外部知识获取策略和广度优先的外部知识获取策略，以全面刻画企业的技术学习行为。其次，本书关注了知识缄默性和知识异质性对深度优先的外部知识获取策略和广度优先的外部知识获取策略的影响，深化了企业技术学习的知识属性影响因素研究。最后，本书验证了网络中心性对于知识缄默性和企业技术学习策略关系的调制作用。这一发现促进了今后相关研究同时将知识属性影响因素和网络属性影响因素纳入研究视角，综合考虑它们对于企业技术学习的影响。

（2）基于技术学习惯例的中介作用，揭示了知识属性对企业创新绩效的影响机制。首先，自惯例这一概念提出之后，相比于演化经济学的其他领域，从现实角度围绕其进行的实证研究相当有限。本书将企业知识管理的过程划分为四个阶段，详细构建了每个阶段的具体技术学习惯例行为。其次，本书选择技术学习惯例作为中介变量，从企业内部的技术学习行为出发，深入探讨知识属性是如何影响企业创新绩效的，从而揭示知识属性对企业创新绩效作用机制的黑箱。实证结果表明，知识属性通过技术学习惯例影响企业创新绩效。这一发现拓展了现有研究的视角和实证层面，促进了今后相关研究从企业内部的技术学习行为和技术学习过程入手，探讨情境因素如何通过企业内部技术学习行为影响创新绩效。

（3）基于技术学习惯例的中介作用，揭示了技术学习策略对于企业创新绩效的影响机制。本书选取技术学习惯例作为中介变量，关注技术学习策略是否通过技术学习惯例影响企业创新绩效。实证结果表明，深度优先的外部知识获取策略通过技术学习惯例强度影响企业创新绩效，广度优先的外部知识获取策略通过技术学习惯例多样性影响企业创新绩效。这一发现揭示了技术学习策略对于企业创新绩效的作用机制，验证了策略指导惯例的基本逻辑，检验了惯例对于绩效的促进作用；促进了今后研究从企业内部的技术学习过程和技术学习行为着手，探讨技术学习对创新绩效的作用机制。

本书的顺利完成离不开各界学者、企业和相关政府部门的支持。作者主持的国家自然科学基金项目（71202129）、中国博士后科学基金第六批特别资助项目（2013T60179）、2012年度中国科学院王宽诚博士后工作奖励基金对本书的研究开展及完稿给予了有力的支持，在此向国家自然科学基金委员会、中国博士后基金会、中国科学院王宽诚教育基金管理委员会致以诚挚的感谢！此外，本书的研究要衷心感谢浙江大学郭斌教授和吴晓波教授的指导、华威大学 Qing Wang 教授和伯明翰大学 Simon Collinson 教授的关心、中国科学院科技政策与管理科学研究所穆荣平研究员的支持，还要感谢所有参与本书研究及出版的同学、同事。囿于作者精力有限，本书的研究仍存在诸多不足，诚挚欢迎读者的批评与建议。

作 者

2015 年 9 月于北京

目 录

前言 ⋯⋯⋯⋯⋯⋯⋯⋯⋯⋯⋯⋯⋯⋯⋯⋯⋯⋯⋯⋯⋯⋯⋯⋯⋯⋯⋯⋯⋯ i

第一章 绪论 ⋯⋯⋯⋯⋯⋯⋯⋯⋯⋯⋯⋯⋯⋯⋯⋯⋯⋯⋯⋯⋯⋯⋯⋯ 1

　第一节 产业集群中企业技术学习的重要性 ⋯⋯⋯⋯⋯⋯⋯⋯⋯⋯ 1
　　一、产业集群中的企业 ⋯⋯⋯⋯⋯⋯⋯⋯⋯⋯⋯⋯⋯⋯⋯⋯⋯ 1
　　二、产业集群中企业技术学习与知识流动研究的新进展 ⋯⋯⋯⋯ 3

　第二节 企业技术学习惯例相关研究亟待完善 ⋯⋯⋯⋯⋯⋯⋯⋯⋯ 5
　　一、现有研究不足 ⋯⋯⋯⋯⋯⋯⋯⋯⋯⋯⋯⋯⋯⋯⋯⋯⋯⋯⋯ 5
　　二、本书的研究问题 ⋯⋯⋯⋯⋯⋯⋯⋯⋯⋯⋯⋯⋯⋯⋯⋯⋯⋯ 6

　第三节 本书主要内容与结构安排 ⋯⋯⋯⋯⋯⋯⋯⋯⋯⋯⋯⋯⋯⋯ 7
　　一、研究对象 ⋯⋯⋯⋯⋯⋯⋯⋯⋯⋯⋯⋯⋯⋯⋯⋯⋯⋯⋯⋯⋯ 7
　　二、概念界定 ⋯⋯⋯⋯⋯⋯⋯⋯⋯⋯⋯⋯⋯⋯⋯⋯⋯⋯⋯⋯⋯ 9
　　三、结构安排 ⋯⋯⋯⋯⋯⋯⋯⋯⋯⋯⋯⋯⋯⋯⋯⋯⋯⋯⋯⋯ 10

第二章 知识情境、技术学习与组织惯例的理论研究 ⋯⋯⋯⋯⋯⋯ 13

　第一节 产业集群中的技术学习 ⋯⋯⋯⋯⋯⋯⋯⋯⋯⋯⋯⋯⋯⋯ 13
　　一、知识获取渠道 ⋯⋯⋯⋯⋯⋯⋯⋯⋯⋯⋯⋯⋯⋯⋯⋯⋯⋯ 14

二、知识传递机制 ·· 16

第二节 企业技术学习的影响因素研究 ································ 18
一、网络属性影响因素研究 ·· 19
二、企业特征影响因素研究 ·· 22
三、知识属性影响因素研究 ·· 26
四、企业技术学习影响因素研究小结 ·· 29

第三节 知识属性与企业绩效关系研究 ································ 31

第四节 技术学习与企业绩效关系研究 ································ 33
一、第一类研究：把技术学习作为主要解释要素 ························ 34
二、第二类研究：直接关注技术学习对企业绩效的影响 ··············· 35
三、技术学习与企业绩效研究小结 ··· 38

第五节 技术学习惯例理论综述 ·· 39
一、惯例的基本定义 ··· 40
二、惯例的内部结构和研究视角 ·· 41
三、惯例相关研究小结 ··· 43

第六节 本章小结 ·· 44

第三章 知识属性对技术学习策略作用机制模型的构建 ············ 47

第一节 模型构建 ·· 47

第二节 知识属性和企业技术学习策略 ································ 49
一、缄默性与技术学习策略 ··· 50
二、异质性与技术学习策略 ··· 54

第三节 网络中心性的调节作用 ·· 57
一、网络中心性对缄默性与深度优先的外部知识获取策略关系的
调节作用 ··· 58
二、网络中心性对缄默性与广度优先的外部知识获取策略关系的
调节作用 ··· 59

第四节　本章小结 …………………………………………… **61**

第四章　知识属性对技术学习策略作用机制的实证研究 ………… **63**

第一节　研究方法论 ………………………………………… **63**
　一、问卷设计 ……………………………………………… 63
　二、变量测度 ……………………………………………… 64
　三、数据收集 ……………………………………………… 70
　四、分析方法 ……………………………………………… 72

第二节　知识属性对技术学习策略作用机制的分析 ……… **73**
　一、描述性统计分析 ……………………………………… 73
　二、信度和效度检验 ……………………………………… 74
　三、相关分析 ……………………………………………… 77
　四、多元线性回归 ………………………………………… 77

第三节　知识属性对技术学习策略作用机制的讨论 ……… **82**
　一、结果 …………………………………………………… 82
　二、知识缄默性与企业技术学习策略关系讨论 ………… 82
　三、知识异质性与企业技术学习策略关系讨论 ………… 84
　四、网络中心性的调节作用讨论 ………………………… 85

第四节　本章小结 …………………………………………… **87**

第五章　知识属性对创新绩效作用机制模型的构建 ……………… **89**

第一节　模型构建 …………………………………………… **89**

第二节　技术学习惯例的形成过程和内部组成 …………… **90**
　一、技术学习惯例的形成过程 …………………………… 91
　二、技术学习惯例的内部组成 …………………………… 93

第三节　知识属性与创新绩效 ……………………………… **104**
　一、知识缄默性与创新绩效 ……………………………… 104

二、知识异质性与创新绩效 ……………………………………… 105

第四节　技术学习惯例的中介作用 …………………………………… 106

　　一、技术学习惯例与创新绩效 …………………………………… 106

　　二、技术学习惯例对知识缄默性与创新绩效关系的中介 ……… 109

　　三、技术学习惯例对知识异质性与创新绩效关系的中介 ……… 110

第五节　本章小结 ……………………………………………………… 112

第六章　知识属性对创新绩效作用机制的实证研究 …………… 113

第一节　变量测度与研究方法 ………………………………………… 113

　　一、变量测度 ……………………………………………………… 113

　　二、分析方法 ……………………………………………………… 118

第二节　知识属性对创新绩效作用机制的分析 ……………………… 118

　　一、信度和效度检验 ……………………………………………… 119

　　二、相关分析 ……………………………………………………… 120

　　三、结构方程分析 ………………………………………………… 120

第三节　知识属性对创新绩效作用机制的讨论 ……………………… 128

　　一、结果 …………………………………………………………… 128

　　二、知识属性与技术创新绩效关系分析 ………………………… 128

　　三、技术学习惯例对知识缄默性与技术创新绩效关系的中介效应
　　　　分析 …………………………………………………………… 130

　　四、技术学习惯例对知识异质性与技术创新绩效关系的中介效应
　　　　分析 …………………………………………………………… 132

第四节　本章小结 ……………………………………………………… 133

第七章　技术学习策略对创新绩效作用机制的案例研究 ……… 135

第一节　技术学习策略对创新绩效作用机制的模型构建 …………… 135

　　一、技术学习惯例强度的中介作用 ……………………………… 136

二、技术学习惯例多样性的中介作用 ………………………… 138
第二节　案例研究方法论 ……………………………………………… 139
　　一、案例研究方法 …………………………………………… 139
　　二、案例选择 ………………………………………………… 140
　　三、数据收集 ………………………………………………… 141
　　四、数据分析方法 …………………………………………… 143
第三节　技术学习策略对创新绩效作用机制的案例分析 …………… 144
　　一、变量测度 ………………………………………………… 144
　　二、技术学习策略 …………………………………………… 146
　　三、技术学习惯例 …………………………………………… 151
　　四、技术创新绩效 …………………………………………… 156
第四节　技术学习策略对创新绩效作用机制的案例讨论 …………… 158
　　一、技术学习惯例强度的中介作用分析 …………………… 158
　　二、技术学习惯例多样性的中介作用分析 ………………… 159
第五节　本章小结 ……………………………………………………… 161

第八章　产业集群中企业提升技术创新绩效的对策 …………………… 163

第一节　产业集群中企业技术学习惯例研究的新发现 ……………… 163
第二节　产业集群中企业提升技术创新绩效的建议 ………………… 164
第三节　研究局限与未来研究方向 …………………………………… 166

参考文献 ……………………………………………………………………… 169

附录一　访谈提纲 …………………………………………………………… 189

附录二　调查问卷 …………………………………………………………… 191

第一章 绪 论

第一节 产业集群中企业技术学习的重要性

一、产业集群中的企业

1. 产业集群在国民经济中扮演了日益重要的角色

产业集群指的是聚集在特定地理区域的相互联系的企业和机构，包括生产商、零部件供应商、设备及原材料供应商，同时也延伸至客户、互补产品的生产商、政府机构、高校、培训机构、行业协会等（Porter，1998）。在过去的三十年间，产业集群在经济系统中扮演了日益重要的角色。人们不再仅将注意力放在大型企业上，开始越来越多地关注产业集群所发挥的作用，认为其有效地促进了经济增长、提高了国家竞争力（Krugman，1991；Porter，1991）。世界各国开始制定相关区域政策，以促进产业集群的形成、发展和升级。就中国而言，产业集群在快速的经济增长过程中扮演了显著的角色，特别是在东南沿海区域。产业集群已成为省域经济的重要组成要素，有力地促进了区域发展、创业及就业。

产业集群在以下三个方面提升了企业的竞争优势（Porter，1998）：①提高生产力。首先，产业集群内聚集了为数众多的行业专家和有经验的员工、完善的供应商基础，企业可以很容易地招聘员工、选择供应商，从而降低了搜寻和交易成本；其次，产业集群内有政府支持的公共机构，提供培训、研发等公共服务，企业可以便捷地获取公共服务（Mazzoleni，2007），降低内部培训的成本；最后，同一区域内同行之间的竞争激励企业改进和提高自身的生产能力。②促进创新。首先，用户是产业集群的一部分，企业通过非正式交流，可快速把握客户的需求，做出反应（von Hippel，1986）；其次，集群外企业依赖异地的供应商应对挑战，需要花费一定的精力进行协调，而集群内的企业则可以进行低成本的实验，直到确定创新的可行性再进行大规模投资。③促进创业。首先，在产业集群工作的个体可以更为容易地感知到市场机会；其次，产业集群可以给企业提供丰富的原材料、零部件供应、技术人才，降低了创业的门槛。

2. 技术学习是发展中国家产业集群内企业构建技术能力的主要途径

就中国而言，尽管国内的制造业取得快速发展，出口已成为国内生产总值的重要支柱之一。但现阶段我国企业的生产研发能力总体水平仍然不高，产业集群中大多数企业从事的是来料加工等处于价值链低端的环节，拥有自主品牌和知识产权的企业仅占少数（汪少华和汪佳蕾，2007）。在缺少自主技术的发展初期，企业主要依靠模仿开展生产（Figueiredo，2003）。随着自身的发展和成熟，企业逐渐积累起一定的技术能力，能够进行独立的创新或合作研发。技术学习在这一过程中扮演了重要的角色。

一方面，企业在承接国外订单、成为国外客户长期合作伙伴的过程中，接受了国外生产商的严格考核和具体培训，建立起完善的生产体系和质量监督体系；为了应对客户的需求，企业需要进行相关的技术和工艺改进，从而提高了自身的研发能力。

另一方面，随着自身实力的壮大，企业与同行、上下游利益相关者、研发机构都逐渐建立起长期、稳定的联系，这种社会联系支持了企业与利益相关者之间的相互学习和合作。企业可获得必要的人才、前沿的技术资讯、竞争者的最新动态、研发机构的技术支持，经过消化和吸收，进一步提升了自身的技术能力。

可见，技术学习既可以提升企业的技术能力，又可以避免因独立研发带来的成本和风险（Katrak，1997）。对于发展中国家而言，技术学习有利于企业进行渐进性技术变革和创新（Oyelaran-Oyeyinka & Lal，2006）。对产业集群内的企业而言，技术学习应该是其往价值链高端进行产业升级的重要手段。因此，本书重点关注了企业技术学习策略的影响因素，以及技术学习策略如何通过企业内部行为的构建影响创新绩效，以指导产业集群内企业在今后转型升级的过程中，根据技术知识属性选择恰当的技术学习策略，构建相应的技术学习惯例，从而提高创新绩效，获得竞争优势。

二、产业集群中企业技术学习与知识流动研究的新进展

1. 以知识视角为基础的学习和创新行为成为产业集群研究的重点

产业集群的研究最早源自 Marshall（1920）的本土化经济学，他强调了产业集群中的知识溢出现象，提出产业空气的概念，认为知识随处分布在集群内部，企业可以轻易地获取技术知识。近三十年来，随着产业集群在国民经济中的重要性被认可，关注产业集群的研究越来越多，其中以知识视角为基础的学习和创新行为获得广泛关注。大多数研究认为集群企业应具备更高的创新能力（Baptista & Swann，1998），原因在于建立在地理临近基础上的知识溢出（Audretsch & Feldman，1996；Jaffe，Trajtenberg & Henderson，1993），以及人才集聚、社交临近等因素（Maskell & Malmberg，1999）。Storper（1992）指出，持续的组织学习和知识扩散是产业集群在国内和国际市场上成功的因素之一。相似地，Baptista 和 Swann（1998）强调，产业集群存在和成功的主要原因之一是知识外部性或溢出的普遍性。Albino、Garavelli 和 Schiuma（1998）指出，产业集群内部的知识扩散培育了产业氛围，提升了集群的核心能力。进一步地，Gilbert、McDougall 和 Audretsch（2008）关注了集聚、知识溢出与新创企业绩效之间的关系，结果表明，位于集群内的企业可以从当地环境吸收更多的知识，从而拥有更高的增长率和创新绩效。

2. 揭示集群内企业层面的学习与创新过程占据研究的重要地位

产业集群内企业的知识积累和技术学习过程是集群形成、发展和演化的重

要因素（Breschi & Malerba，2001）。尽管很多研究指出企业技术学习和创新在集群发展中的重要性，但仍缺少系统的探讨和深入的实证研究，揭示集群内企业的技术学习和创新行为、打开集群内企业的技术学习与创新过程黑箱开始获得广泛关注，具体表现在两个方面。

首先，部分学者开始质疑 Marshall（1920）的产业空气概念，他们认为知识并非均匀地分布在产业集群内部，而是受企业自身特征以及所处网络的特征决定的（Boschma & ter Wal，2007；Giuliani & Bell，2005；Hansen，1999；Morosini，2004）。Giuliani（2007）对意大利和智利的三个酒集群进行了统计分析，结果表明，具备更强知识基础的企业被集群内企业感知为技术领先者，出现问题时集群内企业更加倾向于向技术领先者寻求建议。Bell（2005）对加拿大共同基金公司的创新性进行了研究，结果表明：处于集群内部以及管理网络中心性可以提高公司的创新性；处于集群内的企业可以直接观察竞争者，探索集体性知识，并通过社会网络获益；管理网络中心性则使企业可以获得更多关于创新的信息和资源，从而提高自身的创新绩效。

其次，部分研究开始关注不同知识获取渠道、不同学习机制及学习内容对于企业创新绩效的影响（Du，Ai & Ren，2007；Li，Chu & Lin，2010；Souitaris，2001；Vega-Jurado，Gutierrez-Gracia & Fernandez-de-Lucio，2009）。Koschatzky、Bross 和 Stanovnik（2001）基于斯洛文利亚共和国的产业创新问卷调查数据进行实证分析，结果表明：创新产出与企业的内部创新能力和外部合作相关，企业主要与顾客及供应商进行外部合作，建立垂直知识联系，以获取资源和减少不确定性；此外，企业的外部合作主要是进行非正式的人际沟通，较少进行正式的合作研发。Lee（1995）关注了韩国电子产业中的小企业技术获取策略与创新之间的关系，结果表明，内部研发和来自客户和供应商的技术信息获取对新产品的技术突破性存在显著的正面影响。

综上所述，基于知识的视角，关注企业层面的学习和创新行为，打开企业开展技术学习、提升创新绩效的黑箱，是当前产业集群相关研究的主流之一。本书将系统关注产业集群内企业技术学习和知识流动的机制，进一步探讨其知识属性影响因素，以及知识属性和技术学习对企业创新绩效的作用机制。

第二节　企业技术学习惯例相关研究亟待完善

一、现有研究不足

如上所述，产业集群内企业层面的技术学习和创新行为已获得广泛的关注。围绕这一主题，笔者对现有研究进行了梳理，总结了以下三点不足。

首先，现有研究大多关注企业技术学习的单一渠道或机制（Almeida & Kogut，1999；Bell & Albu，1999；Dahl，2002；Jaffe，1989），缺少对企业技术学习机制的系统研究（Giuliani & Bell，2005）。例如，Almeida 和 Kogut（1999）基于12个美国半导体集群的专利数据，指出硅谷内部频繁的员工流动与众多专利存在关联。Antonelli（2000）强调了大学和公共研发中心在知识获取中的角色，指出它们提供了较为复杂的知识。Saxenian（1991）基于对硅谷的研究，指出系统厂商与供应商之间的长期合作网络为共同学习和技术交换提供了灵活性。

其次，现有研究大多关注的是企业技术学习的网络属性影响因素和企业特征影响因素（Boschma & ter Wal，2007；Gupta & Govindarajan，2000；Hansen，1999；Uzzi，1997；Uzzi & Lancaster，2003），忽视了对于知识属性影响因素的研究。知识属性影响知识积累的速度、可被保留的程度及技术学习的难易度（Argote，McEvily & Reagans，2003），作为技术学习的影响因素之一应获得更多的研究关注。就网络属性影响因素而言，经济地理领域的学者们指出网络嵌入性促进集群中的知识扩散以及集体学习（Capello & Faggian，2005；Maskell & Malmberg，1999）。Tsai（2001）的研究表明，处于网络中心位置的业务单位创新绩效更高、利润更多，他同样也从知识传递的角度解释了这一联系，认为网络中心性有助于技术学习和知识传递。Uzzi（1997）指出强联结有助于知识传递。就企业特征影响因素而言，Soekijad 和 Andriessen（2003）对荷兰的两个竞争性联盟进行了案例研究，结果表明，共同目标是竞争性联盟成功进行知识共享的条件之一，它可使员工更具创造性，相互冲突的利益则会阻碍联盟内的合作与知识共享。Giuliani 和 Bell（2005）重点关注了企业（结点）吸收能力对集群知识网络内知识流动的影响。

进一步地，由于技术学习的知识属性影响因素研究较为有限，现有研究也较少关注知识属性对企业绩效的作用机制，仅有部分研究指出了知识属性对企业绩效的直接影响（Cavusgil, Calantone & Zhao, 2003; McEvily & Chakravarthy, 2002; Rodan & Galunic, 2004）。具体而言，在现有研究中，Sorenson、Rivkin 和 Fleming（2006）指出，当知识复杂程度中等时，离知识源近的知识接收方具备最大的优势。Hargadon 和 Sutton（1997）发现与多个行业有所联系的产品设计企业可使用来自这些行业的知识，成功地开发出新产品。

最后，当前研究主要针对惯例进行定性研究，缺少对惯例的度量和实证研究（Becker, 2005），进而导致现有研究较少关注技术学习惯例在技术学习与企业绩效之间扮演何种角色。大多数研究指出了策略影响惯例的逻辑（Reynaud, 2005; Winter, 1986），以及惯例对组织绩效和竞争优势的影响（Barney, 1991; Eisenhardt & Martin, 2000; Nelson & Winter, 1982），但相关实证研究仍较为缺乏。具体而言，在现有研究中，Reynaud（2005）指出组织惯例是建立在规则之上的行为模式。Becker（2005）在其研究中指出了组织惯例对于企业绩效的影响，并构建了相应实证模型。

二、本书的研究问题

基于上述不足，本书将系统性地研究企业的技术学习策略，重点关注以下三个研究问题。

1. 知识属性如何影响企业的技术学习策略？网络属性如何在知识属性与企业的技术学习策略之间起调制作用

知识属性是企业技术学习策略的重要影响因素，但现有研究仍缺少对此的实证探讨，不同知识属性对企业技术学习策略的影响仍很不明晰，本书将对此问题进行实证研究。此外，本书将进一步关注在网络属性的调节作用下，知识属性如何影响企业的技术学习策略。同时，考虑企业技术学习策略的知识属性和网络属性影响因素，有助于企业根据知识属性和自身的网络属性，更好地选择适合的技术学习策略。

2. 知识属性如何通过决定企业的技术学习惯例，从而对企业创新绩效产生影响

尽管部分研究关注了知识属性与企业技术创新绩效之间的关系，但知识属性对企业技术创新绩效的作用机制仍缺少研究。本书将基于企业内部技术学习行为特征，打开知识属性与企业创新绩效关系的黑箱，选择企业的技术学习惯例作为中介变量，构建知识属性通过技术学习惯例影响企业技术创新绩效的概念模型，并进一步进行实证检验。

3. 技术学习策略如何通过决定企业的技术学习惯例，从而对企业创新绩效产生影响

如前所述，当前研究大多关注的是技术学习对企业创新绩效的直接影响，但忽视了技术学习对企业技术创新绩效的作用机制。本书将基于企业内部技术学习行为特征，打开技术学习与企业创新绩效关系的黑箱，选择企业的技术学习惯例作为中介变量，构建技术学习策略通过技术学习惯例影响企业技术创新绩效的概念模型，并进行实证检验。

第三节 本书主要内容与结构安排

一、研究对象

本书基于企业层面，主要围绕知识属性和技术学习策略对产业集群内企业技术创新绩效的影响机制开展研究。本书的研究对象为制造业产业集群内的企业。之所以选择产业集群内的企业作为研究对象，是因为：①出于竞争和合作的考虑，产业集群内企业之间的技术学习和知识流动非常频繁（Porter，1998），是生产和研发活动得以顺利进行的重要基础；②产业集群内存在完整的价值链，不同利益相关体之间的互动更为密切，可以系统地关注到企业的技术学习策略和技术学习惯例。产业集群内部的主要利益相关体包括生产商、零部件供应商、设备及原材料供应商、客户、互补产品的生产商、政府机构、高校、培训机构、行业协会等（Porter，1998）。具体而言，产业集群内的企业包括以下类型（Guo B & Guo J，2011）（图1-1）。

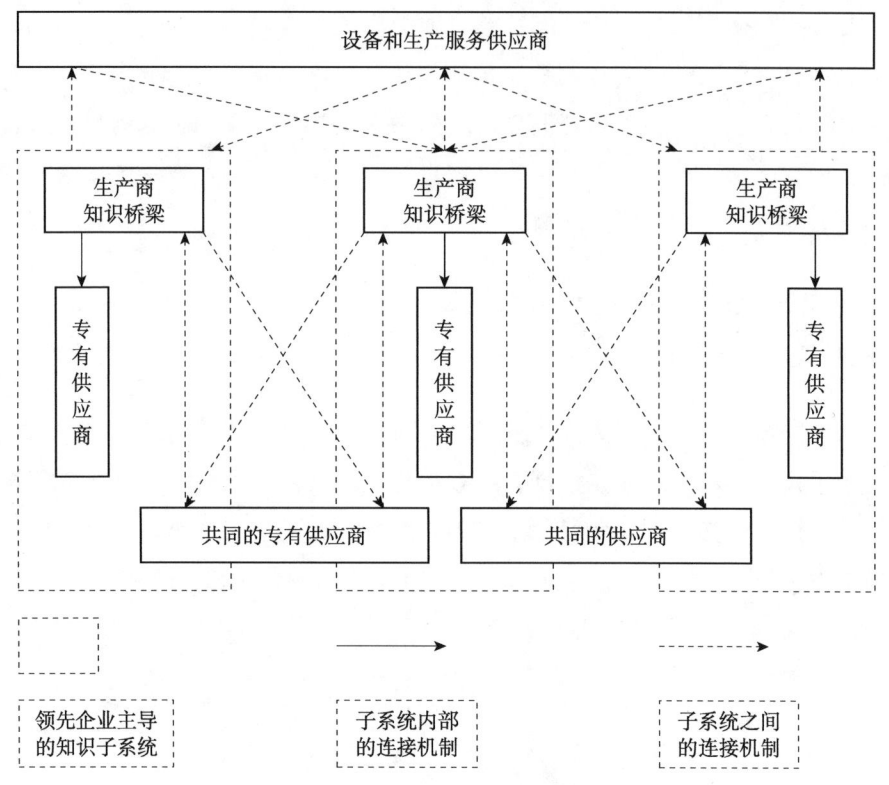

图 1-1　产业集群知识系统的结构

资料来源：Guo B 和 Guo J（2011）

（1）领先企业。此类企业规模大、产品线完整，通常有独立的研发部门，具备较强的技术能力，在产业集群中扮演知识桥梁的角色。

（2）跟随企业。此类企业规模中等、产品线较为完整，注重从外部获取技术知识。

（3）小企业。此类企业规模小、产品种类少，研发能力弱，主要依靠模仿进行产品和工艺改进。

（4）专有供应商。此类企业是产业集群的配套供应商，为集群内企业提供专用的零配件。

（5）共同供应商。此类企业通常为多个行业提供原材料和通用的零配件。

（6）设备和生产服务供应商。此类企业为集群内企业提供生产设备、维护及改进，提升了集群内企业的生产效率，促进了相关生产和工艺诀窍的扩散。

基于此，本书的研究对象为制造业产业集群内的企业，具体包括生产商和供应商，生产商包括领先企业、跟随企业、小企业，供应商包括专有供应商、共同供应商、设备和生产服务供应商。

二、概念界定

为了对本书的研究问题进行深入的探讨和规范的求证，本部分对本书的关键概念进行界定。

1. 深度优先的外部知识获取策略

在获取外部知识的过程中，企业主要对某几种知识获取渠道进行深度利用。这一概念主要借鉴了 Laursen 和 Salter（2006）对外部搜索深度的定义。Laursen 和 Salter（2006）指出，外部搜索深度是企业在创新活动中对不同外部知识来源或搜索渠道的利用程度。相应地，深度优先的外部知识获取策略指的是，在获取外部知识的过程中，企业采取的是深度利用某些知识获取渠道的策略。

2. 广度优先的外部知识获取策略

在获取外部知识的过程中，企业依赖多种知识获取渠道。这一概念主要借鉴了 Laursen 和 Salter（2006）对外部搜索广度的定义。Laursen 和 Salter（2006）指出，外部搜索广度是企业在创新活动中依赖的外部知识来源或搜索渠道的数目。相应地，广度优先的外部知识获取策略指的是，在获取外部知识的过程中，企业采取的是广泛应用多种知识获取渠道的策略。

3. 技术学习惯例

组织层面多个主体围绕技术学习所进行的经常性的、交互的行为模式。这一概念主要借鉴了 Feldman 和 Pentland（2003）和 Becker（2005）对组织惯例的界定。Feldman（2003）指出，惯例是由多个主体所进行的相互依赖的、重复的、可辨认的行动模式。相似地，Becker（2005）认为惯例是组织内部经常性的交互模式，其反映了主体在特定情况下做什么，以及工作任务在组织内部是如何被完成的。

4. 技术学习惯例强度

在技术学习的过程中，企业对不同的经常性行为模式的执行程度。这一定义主要借鉴了Becker（2005）对惯例使用频率的界定。Becker（2005）从行为层面出发，将惯例看作组织内部完成工作任务的方式，指出惯例的频率是同一交互模式在一定时间段内被重复的次数。

5. 技术学习惯例多样性

在技术学习的过程中，企业所采取的经常性行为模式的数目。这一定义主要借鉴了Becker（2005）对惯例多样性的界定。Becker（2005）指出，惯例的多样性是构成经常性交互模式的行为的多样性。

三、结构安排

本书共包括八章（图1-2），各个章节的具体内容如下文所述。

第一章为绪论，阐述本书的现实背景与理论背景，依据现有研究不足提出本书的研究问题；并对研究对象与关键概念进行阐述，介绍了本书的技术路线和采用的研究方法，进一步探讨了本书的预期创新点。

第二章为文献综述，归纳了与本书研究问题相关的五个方面的文献，分别是产业集群中的技术学习、企业技术学习的影响因素研究、知识属性与企业绩效关系研究、技术学习与企业绩效关系研究，以及技术学习惯例的相关研究。在总结现有文献的基础上，指出当前研究的不足，为本书研究问题的提出建立充分的理论依据。

第三章为知识属性对技术学习策略作用机制的模型构建与假设提出。本章构建了知识缄默性、异质性影响深度优先和广度优先的外部知识获取策略的概念模型，依据本书整理的理论逻辑提出相关研究假设。

```
                    ┌─────────────┐      ┌──────────────────┐
                    │   第一章     │ ───→ │     第二章        │
                    │   绪论       │      │ 知识情境、技术学习与│
                    │              │      │ 组织惯例的理论研究 │
                    └─────────────┘      └──────────────────┘
                           │
                           ▼
                    ┌──────────────────┐
                    │     第三章        │
                    │ 知识属性对技术学习策略作用│
                    │   机制模型的构建   │
                    └──────────────────┘
                           │
                           ▼
                    ┌──────────────────┐
                    │     第四章        │
                    │ 知识属性对技术学习策略作用│
                    │   机制的实证研究   │
                    └──────────────────┘
```

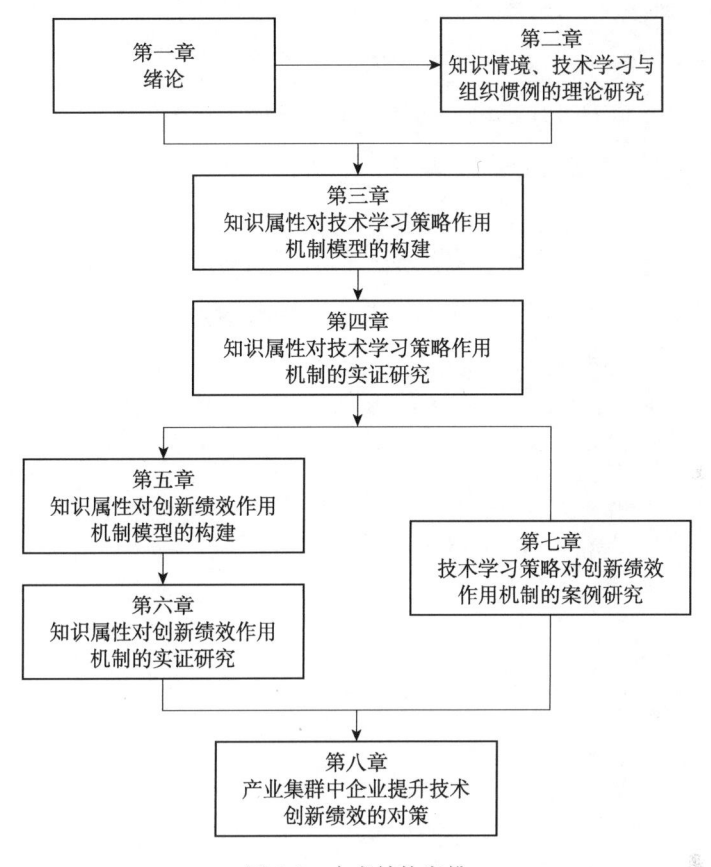

图 1-2　本书结构安排

第四章为知识属性对技术学习策略作用机制的实证研究。本章对问卷设计过程、采用的变量测度、数据收集进行详细描述，具体采用多元线性回归方法进行实证分析；呈现了具体的数据分析过程，包括信度检验、效度检验、相关分析及多元线性回归分析；并对实证结果进行讨论。

第五章为知识属性对创新绩效作用机制的模型构建与假设提出。本章详细阐述了技术学习惯例的形成过程及具体的行为，构建了知识缄默性和异质性通过技术学习惯例影响企业创新绩效的概念模型，进一步提出相关假设。

第六章为知识属性对创新绩效作用机制的实证研究。本章对变量测度及分析方法进行了描述，具体采用结构方程建模进行实证分析；呈现了具体的数据分析过程，包括信度和效度检验、相关分析及结构方程分析；并对实证结果进行解释和讨论。

第七章为技术学习策略对创新绩效作用机制的实证研究。本章构建了深度优先和广度优先的外部知识获取策略通过技术学习惯例影响企业创新绩效的概念模型，提出了相关研究假设。此外，本章具体采用案例研究方法，对案例选择和数据收集作了详细说明，通过案例分析总结实证发现，并对结果进行讨论和阐述。

第八章为产业集群中企业提升技术创新绩效的对策，总结了本书的研究发现及理论贡献，在此基础上提出本书对于实践的指导意义；并归纳本书的研究不足，指出未来的研究改进方向。

第二章
知识情境、技术学习与组织惯例的理论研究

第一节 产业集群中的技术学习

技术学习是学习的一种重要形式（Hitt, Ireland & Lee, 2000）。Carayannis 和 Alexander（2002）将技术学习定义为技术驱动型企业基于自身的显性和隐性资源，创造、更新、升级潜在和现有能力的过程。Dodgson（1991）对技术学习的定义则是：企业建立和补充技术、产品、工艺相关知识的方式，发展和提升劳动力技能的途径。通过技术学习，企业逐渐积累起自身的技术知识（Hitt, Ireland & Lee, 2000）及技术能力（Malerba, 1992）。可以说，技术学习是经济增长及创业活动的主要推动力量之一（Carayannis, Popescu, Sipp et al., 2006）。

Kessler、Bierly 和 Gopalakrishnan（2000）将组织学习区分为内部学习和外部学习。其中，内部学习始于组织内部个体对于知识的创造和利用，外部学习始于对组织外部知识的辨认（Simon, 1991）。相似地，Hitt、Ireland 和 Lee（2000）将组织学习区分为获取性学习和实验性学习。获取性学习指的是企业获取组织边界以外的知识并将其内部化（Zahra, Nielsen & Bogner, 1999），实验性学习指的是发生于企业内部的对于新知识的创造（Lei, Hitt & Bettis, 1996）。简言之，内部学习（或实验性学习）与企业内部研发有关，外部学习（或获取性学习）与企业外部知识获取有关。内部学习和外部学习对企业而言都很重要。譬如，通过对40种创新的调查，Freeman（1991）认为外部技术来源

与内部基础研发是企业创新成功的关键因素。Rigby 和 Zook（2002）进一步指出，在快速增长和高利润的行业中，有效结合内、外部信息来源是企业竞争优势提升的主要力量。

一、知识获取渠道

就产业集群中企业技术学习相关研究而言，其重要的分析视角为知识获取渠道。知识获取之所以吸引了学术界的较多关注，是因为：一方面，企业在创新过程中需要外部知识流动来提高创新能力，因此知识获取对企业而言尤为关键（Dyer & Singh, 1998; Lane & Lubatkin, 1998）；另一方面，外部知识获取对于企业创新绩效的正向影响在现有文献中已得到普遍的验证（Ahuja & Katila, 2001; Chen, 2009; Yli-Renko, Autio & Sapienza, 2001）。正如 Bell 和 Albu（1999）所强调的，尽管企业的自我变革能力一直以来都备受关注，但技术变革通常也取决于外部技术的输入；某些情况下，外部知识来源扮演了更为主导型的角色。此外，从集群层面来讲，其支持知识获取的能力也决定了自身竞争优势的提高（MacKinnon, Cumbers & Chapman, 2002）。

外部知识获取包括多种渠道，如表 2-1 所示，总体而言有以下形式：人员流动，与竞争企业员工的非正式交流，培训，研发合作，反求工程，专利许可、出版物和技术性会议，以及与供应商和用户之间的关系。

表 2-1 产业集群中知识获取主要渠道

知识获取渠道	主要作用	代表学者
员工流动	加速知识扩散和学习过程，创造新的知识，同时在企业之间建立起联系	Almeida & Kogut, 1999; Argote & Ingram, 2000; Song, Almeida & Wu, 2003; 2007; Dahl, 2002; Saxenian, 1996; 2004
非正式交流	有助于隐性知识的传递	Breschi & Malerba, 2001; Harabi, 1997
培训	有助于员工技能的提升	Harabi, 1997
研发合作	对集群的产业发展、创新能力和长期竞争力有积极影响	Antonelli, 2000; Jaffe, 1989; Lawson, 1999; Yamawaki, 2002
用户、供应商	提供关于产品特定细节的知识，以及关于运营程序及材料特性的知识	Bell & Albu, 1999; Capello, 1999; Nadvi, 1996; Sandee, 1995; Saxenian, 1991; von Hippel, 1988;
反求工程	知识溢出的重要来源	Levin, Klevorick, Nelson et al., 1987; Napolitano, 1991
专利许可、出版物和技术性会议	有助于编码知识的传播	Appleyard, 1996; Harabi, 1997

Keeble 和 Wilkinson（1999）指出，产业集群中知识传递和学习的主要渠道包括设备供应商与客户、生产者与用户之间的交互，企业之间正式及非正式的合作，本地劳动力市场上员工的流动，新企业的衍生。其中，员工流动和新企业衍生通过人际关系在企业之间建立了一种长久进行的关系。Harabi（1997）总结了可供企业从竞争者那里获取关于产品或工艺的技术知识的七种方式：技术许可、专利披露、出版物和技术性会议、与创新企业员工的非正式交流、雇用竞争对手的研发员工、反求工程、自主研发。基于对358家瑞士企业的实证研究，他进一步指出就有效性而言，自主研发是最有效的研发溢出渠道，反求工程次之，再者为人际沟通相关的渠道以及专利相关渠道。Appleyard（1996）指出了企业之间知识流动的多种形式，如员工流动、专利、技术许可、共同发明及出版。Freeman（1994）认为企业的外部知识来源包括高校、咨询公司、技术许可、公共实验室等。Breschi 和 Malerba（2001）指出，集群企业的学习方式包括用户与生产厂商之间的关系、正式和非正式的合作、企业间的员工流动、新企业的衍生、高校及公共研究中心。

人员流动对企业之间知识的流动发挥了重要的作用（Dahl，2002）。Argote 和 Ingram（2000）提出，由于组织所搜寻的知识嵌入在个体，当个体在组织间移动时，他们可以将这些知识应用到新情境，因此可以有效地在企业之间传递知识。Saxenian（1996）将硅谷与波士顿半导体集群进行对比，指出硅谷的成功与区域内部科学家、工程师、管理者之间的非正式联系存在关联，她认为硅谷的社会网络促进了企业之间的员工流动，可视为知识扩散的一种机制。Song、Almeida 和 Wu（2003）实证研究了从美国企业到非美国企业之间的工程师流动，指出通过雇佣来学习在以下情况下最有可能：①雇佣企业较少地表现出路径依赖；②被雇佣的工程师所拥有的技术专长是雇佣企业所不太熟悉的；③被雇佣的工程师在新企业中工作于非核心的技术领域。Breschi 和 Malerba（2001）强调，由于企业创新的复杂性和缄默性，知识只能通过人际交流和员工流动有效传递。

集群内的地理临近有助于企业家和专家经常碰面并交流（Giuliani，2007），可以说，人际层面的非正式社会交往及会面有助于产业集群内企业之间网络联结的建立（Brown & Hendry，1997）。Saxenian（1996）指出，硅谷内部工程师之间的非正式交流是非常普遍的，而这种畅通的环境恰恰促进了该区域内技术能力和诀窍的扩散。Dahl 和 Pedersen（2004）对丹麦北部无线通信集群的工程师进行问卷调查，结果表明，产业集群内工程师之间通过非正式联系传递有价值的知识，非正式联系是知识扩散的重要渠道。Piore 和 Sabel（1984）对意大利东北部的产业集群进行分析，结果表明，企业间的社交网络有助于创新活动的增加，同时也降低了交易成本。

越来越多的研究指出产业集群与高校、研究机构的关系对其产业发展、创新能力和长期竞争力有积极影响（Owen-Smith et al.，2002；Porter，1998）。高校与企业之间的知识流动有以下形式：正式的研究项目，科学家的流动，培训，出版，报告，专利，会议，咨询，对于拥有较高技能毕业生的教育，衍生企业，以及非正式的知识流动（Lawson，1999）。Jaffe（1989）的研究较有代表性，基于来自美国29个州的数据，他对地理集聚进行了分析，发现了高校研究与私企研发之间的关联性。

用户及供应商也是外部知识获取的重要渠道。Nadvi（1996）基于对锡亚尔科特医疗设备集群的研究，指出国外客户是技术变革的重要来源，他们会定期派遣冶金工程师到锡亚尔科特对合作企业进行质量控制和生产工程的培训。Sandee（1995）对制瓦集群的研究同样表明了外部客户在早期引进手压设备阶段的重要性。相似地，Bell 和 Albu（1999）强调除了设备供应商之外，客户也是技术的重要来源，他们不仅提供关于产品特定细节的知识，也提供关于运营程序及材料特性的知识等。von Hippel（1988）指出，对于企业创新而言，通过客户和用户学习尤为重要。Capello（1999）在其研究中表明，如果员工流动是集群内部知识流动的首要稳定要素，那么其次则为供应商与用户之间的稳定联系。

就反求工程而言，Levin、Klevorick、Nelson 等（1987）的研究表明，对竞争者的新产品进行反求工程是知识溢出的重要来源。Napolitano（1991）基于意大利的数据也得出了相似的结论。就技术许可而言，其可以加速知识获取的进程，构建互补性资产，从而培养企业的研发实力（Prahalad & Hamel，1990）。

二、知识传递机制

上述研究强调了不同知识获取渠道在促进知识扩散以及创新进步中的重要性，在此基础上，部分学者提出了更为系统化的知识传递机制，试图将不同知识获取渠道归纳分类，以更为深刻地理解知识获取渠道的特性。

Hendry、Arthur 和 Jones（1995）指出，集群层面存在参与型学习系统及非正式学习系统。Steiner 和 Hartmann（2006）对非正式学习系统与参与型学习系统做出了详细的阐述：①非正式学习系统的主要形式为会议中的非正式会晤、实践社团、同学之间的网络，以及社交网络（表 2-2）。具体而言，非正式会晤（Saxenian，1996）主要发生在酒吧或者会议的大堂上，其通过面对面的交流传递知识。实践社团源于来自不同企业的员工在问题解决过程中所形成的非正式小组，在讨论和解决技术性问题的过程中进行学习。老同学网由同一大学毕业的学生组成，网络内部个体可以自由讨论所遇到的技术或组织问题，从而相互交换观点促进彼此的学习。社交网络源自当地的运动俱乐部及慈善组织，在该网络内，信息和知识非正式地在个体之间交换。②参与型学习系统的主要形式为企业层面正式的研发团队、企业之间针对共同项目的合作、参与基准俱乐部，以及在财团中共同准备投标。企业层面的研发团队由高校、研发组织和企业的研究者组成，在该团队内部，知识会有效地从区域知识架构中传递到参与企业。企业间的项目合作由来自不同企业的成员组成，在持续的问题解决过程中进行学习。基准俱乐部由数家企业组成，其目的是辨别企业层面好的惯例做法，并将好的做法在企业之间传递。财团在准备投标的过程中，关于特定市场或技术问题的知识会在企业之间传递。

表 2-2　学习系统的具体形式

学习系统	集群层面的具体形式
非正式学习系统	非正式会晤 实践团体 老同学网 社交网络
参与型学习系统	企业层面的研发团队 企业间的项目合作 基准俱乐部 参与财团

资料来源：Steiner & Hartmann（2006）。

知识传递机制还包括正式和非正式、个体和非个体（Holtham & Courtney, 1998）。非正式机制包括突发性的会议、非正式的研讨会和茶歇期间的交流，这些方式通常缺少知识的正式编码，因此无法保证知识从一个个体准确地传递到另一个个体；正式机制包括培训和工厂参观，这些方式确保了知识的扩散，却阻碍了创造性（Maryam & Dorothy, 2001）。个体渠道包括师傅带徒弟和员工流动，能够有效传递具体情境下的知识；与之相反，非个体渠道如知识储存则更适合传递适用于其他情境的知识（Maryam & Dorothy，2001）。员工流动属于一种正式的知识传递方式，有助于获取竞争对手的隐性知识（Fahey & Prusak，1998）。进一步地，Chen（2009）通过对台湾机床行业的案例研究，强调了非正式学习机制在外部知识获取中的重要性，其中本地的用户、供应商、技术中介通过非正式的个体层面的沟通扮演了较为重要的角色，台湾地区之外的展会、贸易商及战略联盟也起了重要的作用。

此外，Carbonara（2004）提出了组织学习的三种机制，分别为实证性学习、通过模仿来学习、通过获取来学习。其中，实证性学习指的是新知识的产生来源于干中学、用中学及试错过程；通过模仿来学习指的是收集感知系统以外的知识，具体渠道包括对科技出版物的查询，对供应商、客户、竞争者的考察，以及参加技术性会议和展会等，其始于模仿，之后涉及对于所获取知识的改进和完善；通过获取来学习指的是感知系统所不包括的知识被纳入进来以丰富企业的资源，具体渠道包括招募专家员工、兼并具备特定互补性知识的组织、与公有或私有研发组织的合作，以及对特定资讯的购买，当企业面临某一特定问题时，该机制尤为有效。

总之，从现有关于产业集群中技术学习的研究可知，知识获取渠道为研究的主要视角之一。现有研究大多关注单一知识获取渠道在产业集群中的影响和作用，尽管部分研究指出了产业集群中更为系统化的技术学习机制或策略，但却缺少对技术学习机制或策略的相关实证探讨（Breschi & Lissoni，2001a）。基于此，本书将以外部知识获取为研究视角，重点关注产业集群中企业的技术学习策略，以期更为全面地揭示产业集群中企业的技术学习行为。

第二节 企业技术学习的影响因素研究

纵观产业集群中企业技术学习影响因素的相关研究，大致可分为三类：①网络属性影响因素研究，重点关注集群内企业间网络的属性对企业（结点）技术学习行为的影响；②企业特征影响因素研究，重点关注企业（结点）自身特征对其技术学习行为的影响；③知识属性影响因素研究，主要关注被获取的知识本身的特性对企业技术学习行为的影响（Argote，McEvily & Reagans，2003；van Wijk，Jansen & Lyles，2008）。

一、网络属性影响因素研究

越来越多的学者指出集群内部存在着相互交织和依赖的社会网络以及商业网络（Camagni，1991；Eraydin & Armatli-Köroǧlu，2005；Porter，1998；Saxenian，1991），基于市场及社会-机构的联系是集群内部知识扩散的重要渠道，可以说，集群的成功一定程度上与当地企业间的市场网络和社会-机构联结休戚相关（Giuliani，2007）。产业集群本身也可看作是一种典型的企业间网络（Inkpen & Tsang，2005）。基于此，网络属性影响因素是产业集群中企业技术学习行为相关研究重点之一。

如表2-3所示，现有关于技术学习行为的网络属性影响因素研究可分为两类，一类研究关注二元层面上个体/企业之间的关系特性对知识传递和技术学习的影响，另一类则关注整体网络层面上结构特性所造成的影响。

表2-3 产业集群中企业技术学习的网络属性影响因素相关研究

网络属性		主要观点	代表性研究
关系特性	关系嵌入性	促进集群中的知识扩散及集体学习	Capello & Faggian，2005；Maskell & Malmberg，1999
	联结强度	强联结有助于知识传递	Dhanaraj，Lyles，Steensma et al.，2004；Hansen，1999
	信任	可增加合作方的意愿去帮助对方理解新的外部知识	Lane，Salk & Lyles，2001
	网络联结类型	不同的网络联结类型促进了不同类型的知识传递和学习形式	Vzzi & Lancaster，2003
结构特性	社会凝聚力和网络范围	社会凝聚力影响个体在知识共享上投资时间、精力的意愿和动力，网络范围可以提高个体向他人传递复杂概念和想法的能力	Reagans & McEvily，2003
	网络密度	紧密的友谊网络促进知识传递，并可从他人经验中学习	Ingram & Roberts，2000
	结构洞	有助于获取差异性知识和信息，提高创造力和促进创新	Reagans & Zuckerman，2001
	网络中心性	占据中心位置的成员可以有效定位相关信息或知识	Burt，1995；Tsai，2001；Gilsing，Nooteboom，Vanhaverbeke et al.，2008

1. 就第一类而言，学者们主要关注关系嵌入性（或联结强度及信任）、联结类型等关系特性对技术学习行为的影响

关系嵌入性指的是基于互惠预期而发生的双向关系，主要从关系的内容、方向、强度等方面来度量（Granovetter，1985）。Uzzi（1997）指出，关系嵌入性包括信任、良好的信息交换、共同解决问题。一方面，部分学者直接指出关系嵌入性对技术学习的影响。经济地理领域的学者们指出网络嵌入性促进集群中的知识扩散及集体学习（Capello & Faggian，2005；Maskell & Malmberg，1999）。Dhanaraj、Lyles、Steensma 等（2004）探讨了外国母公司与国际合资公司之间的关系嵌入性如何影响传递给国际合资企业的知识类型，以及关系嵌入性对新成立的和成熟的合资企业而言重要性是否存在差异，他们通过信任、母公司与国际合资企业的联结强度，以及共享的系统及价值观来测度关系嵌入性，结果表明，关系嵌入性对隐性知识传递作用更为强烈，其同时促进了新成立的和成熟的合资企业之间的隐性知识传递。另一方面，部分学者则关注关系嵌入性的单个维度对技术学习和知识传递的影响。

联结强度指的是合作双方关系的紧密度，随着交互和沟通频率的增多而增加（Hansen，1999）。通过档案数据和问卷调查，Hansen（1999）对一家大型电子企业的 41 个部门里 120 个新产品开发项目进行了实证研究，结果表明，部门间的弱连接有助于研发团队到其他部门搜寻有用的知识，但却阻碍了复杂知识的传递，后者需要传递双方的强连接；当知识不太复杂时，部门间的弱连接会加速项目的进程，但当知识比较复杂的时候，其会减慢项目的进程。

信任意味着对合作方的信念，即认为合作方的承诺是可靠的，合作方会在双方所处关系中充分履行义务（Inkpen，2000）。产业集群内基于信任和互惠的关系更加有助于知识和资源的传递（Inkpen & Tsang，2005），原因在于它可增加合作方的意愿去帮助对方理解新的外部知识（Lane，Salk & Lyles，2001）。但过度的信任又会导致集体盲目性，从而阻碍知识的交换（Yli-Renko，Autio & Sapienza，2001）。

此外，基于对 11 家芝加哥银行的访谈和民族志观察（ethnographic observation），Uzzi 和 Lancaster（2003）指出不同的网络联结类型促进了不同类型的

知识传递和学习形式，他们认为网络创造了知识交易的渠道、降低了学习的风险，从而促进了知识传递及学习过程。具体而言，企业间的正常联结（arm's-length ties）倾向于传递公共知识并促进利用性学习，企业间的嵌入性联结则传递私有知识并促进探索性学习。

2. 就第二类研究而言，学者们关注较多的为中心性、网络范围、结构洞等网络结构特征对技术学习行为的影响

占据中心位置的成员可以有效定位相关信息或知识，并在社会网络内部进行交换（Burt，1995）。Gilsing、Nooteboom、Vanhaverbeke 等（2008）对制药、化学、汽车行业中基于技术的联盟网络进行实证研究，结果表明，不同的网络位置对应了不同的探索性学习专利；具体而言，探索性学习成功的概率在企业之间并不均等，而是取决于网络中心性。此外，他们指出，探索性学习的成功还取决于网络嵌入性的另外两个维度——技术距离及网络密度。

社会凝聚力指的是某一社会关系被紧密的第三方关联所连接的程度，网络范围指的是网络关联跨越社会、机构和组织边界的程度（Reagans & McEvily，2003）。Reagans 和 McEvily（2003）对一家研发企业的知识传递情况进行了研究，结果表明，社会凝聚力和网络范围对知识传递的影响大于联结强度。其中，社会凝聚力影响个体在知识共享上投资时间、精力的意愿和动力，网络范围可以提高个体向他人传递复杂概念和想法的能力。

社会资本代表网络成员通过社会网络或其他社会结构获取利益的能力（Portes，1998）。Inkpen 和 Tsang（2005）在其研究中构建了社会资本影响产业集群内知识传递的理论框架。具体而言，他们认为社会资本的结构维包括网络联结、网络配置、网络稳定性。地理临近有助于企业间网络联结的形成，从而促进企业、个体层面的沟通以及知识的交换；跨界联系人（boundary spanner）与产业集群内不同的企业派系保持弱联结，从而有助于不同企业派系中知识的传递，避免了知识仅在各个企业派系网络内部流动；集群企业的进入或退出很频繁，稳定的人际关系有助于将相关产业知识传递给停留在集群内的企业。

Gilsing 和 Duysters（2008）对荷兰的多媒体和生化制药行业进行了研究，力图揭示探索性网络中新颖性是如何产生的，研究表明，网络中外围非紧密的

弱联结和中心紧密的强联结一起确保了多样性和甄选机制的并行运转，从而促进了新颖性的产生。Ingram 和 Roberts（2000）指出紧密的友谊网络对悉尼酒店的绩效存在影响，原因之一在于友谊网络促进了知识传递，使得酒店管理者在面临相似市场状况时可以从他人的经验中学习。相似地，Reagans 和 Zuckerman（2001）也利用知识传递解释网络结构与组织绩效之间的联系，他们指出，公司内部不同研发团队之间科学家的合作沟通在不同的研发网络中连接起结构洞，从而有助于彼此获取差异性的知识和信息，提高创造力和促进创新。

二、企业特征影响因素研究

以往关于产业集群和创新的研究大多强调地理临近和在当地商业网络中的嵌入性对企业学习和创新过程的影响。如表 2-4 所示，近期学者们开始关注企业特征对集群企业学习和创新的影响（Giuliani，2007）。总体而言，有两种类型的企业特征影响企业技术学习行为——认知层面和组织层面，前者包括吸收能力等特征，后者包括共享目标及文化、知识传递双方的意愿和动力、组织结构、投资模式等特征。

表 2-4　产业集群中企业技术学习的企业特征影响因素相关研究

企业特征		主要观点	代表研究
认知层面	吸收能力	吸收能力决定集群企业在知识网络中的角色，具备较高吸收能力的认知群体倾向于与集群外知识来源建立联系，并且更易于在彼此之间建立起知识联系	Giuliani & Bell, 2005；Giuliani, 2007
		知识流入取决于丰富的知识传递渠道、获取知识的动机意向，以及吸收流入知识的能力	Gupta & Govindarajan, 2000
		集群内企业的吸收能力并不影响它们在集群知识网络中的位置，具备更高吸收能力的企业倾向于建立更多的集群外知识联系	Boschma & ter Wal, 2007
组织层面	目标	共同目标有助于知识共享，提高员工的创造性	Inkpen & Tsang, 2005；Soekijad & Andriessen, 2003
	文化	共享文化有助于知识传递，文化差异妨碍信息流动和学习	Lyles & Salk, 2006；Mowery, Oxley & Silverman, 1996；Olk, 1997；Tiemessen, Lane, Crossan et al., 1997
		学习型文化有助于技术学习和知识传递	Davenport, Prusak, Wills et al., 1998；Huber, 1991

续表

企业特征		主要观点	代表研究
组织层面	传递知识的意愿	接收者的学习意图和知识源传递知识的意愿是知识传递的关键性决定因素	Hamel, 1991; Szulanski, 1996; Minbaeva, Pedersen, Bjorkman et al., 2003; Ko, Kirsch & King, 2005
	组织结构	组织灵活性促进知识传递过程	Dodgson, 1993; Hedlund, 1994; March, 1991
		组织结构相似性有助于组织间学习	Lane, Salk & Lyles, 2001
	投资模式	投资管理模式的整合度越低，探索性学习的程度越高	Schildt, Maula & Keil, 2005

1. 认知层面

不同于马歇尔的产业空气概念（Marshall，2006），部分学者认为知识在产业集群内部并非均匀流动，而是在特定的知识网络边界内部流动（Boschma & ter Wal，2007；Giuliani，2007；Giuliani & Bell，2005）。

吸收能力指的是企业利用先期知识辨别、吸收、应用新知识进行商业化的能力（Cohen & Levinthal，1990）。基于认知视角，Giuliani 和 Bell（2005）利用社会网络分析方法对智利的酒集群进行了实证研究，重点关注企业（结点）吸收能力对集群知识网络内知识流动的影响，结果表明，集群内部的知识并非均匀分布，而是在不同的认知群体之间流动。具体而言，具备较高吸收能力的认知群体倾向于与集群外知识来源建立联系，并且更易于在彼此之间建立起知识联系，认知群体角色的不同也是由其吸收能力决定的。

相似地，通过社会网络分析方法和计量经济学，Giuliani（2007）对意大利和智利的三个酒集群进行了统计分析，研究指出，具备更强知识基础的企业被集群内企业感知为技术领先者，出现问题时集群企业更加倾向于向技术领先者寻求建议，因此技术领先者更有可能与集群内的其他企业交换创新相关知识。但交换知识的其他企业与技术领先者的认知距离相隔一般不大，也就是说，这一知识互换行为主要发生在知识基础比较雄厚的集群企业中，它们构成一个紧密相连的认知群体。相反，如果一个集群内部大部分企业的知识基础都比较薄弱，它们没有能力传递和吸收知识，那么该集群内较为先进的企业则倾向于与集群外的知识来源建立联系。进一步地，Gupta 和 Govindarajan（2000）对来自美国、欧洲、日本75家跨国企业的374个子公司进行实证研究，结果表明，子公司的知识流出取决于其知识存量的多少以及丰富的知识传递渠道，子公司的知识流入取决于丰富的知识传递渠道、获取知识的动机意向，以及吸收流入知识的能力。

与之相反，Boschma 和 ter Wal（2007）通过对意大利南部的制鞋集群进行案例研究和社会网络分析，指出集群内企业的吸收能力并不影响它们在集群知识网络中的位置，也就是说，地理临近和认知临近并非足以构建集群内的知识联系；此外，具备更高吸收能力的企业倾向于建立更多集群外的知识联系。

2. 组织层面

除吸收能力外，部分研究关注目标、文化、学习意图、组织结构、投资模式等企业特征对技术学习行为的影响。

共享目标（shared goals）指的是网络成员对于网络任务和产出拥有共同的理解，共享文化（shared culture）指的是治理关系的行为规范（Inkpen & Tsang，2005）。集群企业应当认识到合作和知识共享可以提高它们的竞争地位，促进共同创造，在这一愿景下，企业才会更倾向于分享知识；集群企业应该默认某一规范或原则，避免轻易泄漏其他企业的隐性知识，在这一共享文化下，企业才更愿意非正式地传递知识（Inkpen & Tsang，2005）。

Parra-Requena、Molina-Morales 和 García-Villaverde（2010）在其研究中强调了共同愿景及文化对知识传递的影响，他们对西班牙某制鞋集群进行问卷调查和结构方程统计分析，研究结果表明，处在集群中的企业未必能够直接而顺利地获取共同知识，相反，知识获取通道取决于企业共享愿景、目标、价值观及文化的能力。这一发现在一定程度上解释了集群企业在获取共同知识和资源上的异质性。

在国际战略联盟中，文化差异会产生额外的困难和挑战，管理者必须分配更多的时间进行沟通，并设计兼容的工作惯例以及共同的管理方法（Olk，1997）。联盟合作者的国家文化及组织文化影响合作的深度，包括知识管理的过程（Tiemessen, Lane, Crossan et al.，1997）。Lyles 和 Salk（2006）指出，文化差异所造成的文化误解会大大减少信息流动和学习。相似地，通过对美国企业的国际联盟进行实证研究，Mowery、Oxley 和 Silverman（1996）指出合作双方的文化差异和距离很大程度上妨碍了企业间的知识传递。

此外，学习型文化对于组织技术学习和知识传递的影响也在许多研究中得到强调（Huber，1991）。Davenport、Prusak、Wills 等（1998）指出，知识传递存在两个维度——知识速度和知识黏度，知识速度指的是知识被传递的速度，知识黏度指的是被传递知识的丰富性；如果一个组织能够容忍创造性错误并提供充足时间用于新想法，其知识黏度会更高。

技术学习知识源和接收方进行知识传递的意愿也是影响技术学习的重要因素。就技术学习所涉及的知识源和接收方而言，前者应具备传递知识的意愿，后者则应具备获取知识的动力。一方面，接收者的学习意图是知识传递程度的关键性决定因素（Hamel，1991）；另一方面，知识源传递知识的意愿也是同等重要的因素（Ko，Kirsch & King，2005）。Szulanski（1996b）在对企业内知识传递的研究中指出，知识源缺少传递知识的动机是内部知识黏滞性的原因之一。进一步地，通过对来自美国、俄罗斯、芬兰跨国企业的 169 家子公司进行实证分析，Minbaeva、Pedersen、Bjorkman 等（2003）指出，吸收能力包括能力和意愿两个维度，吸收能力有助于知识传递，但若只有能力或意愿则对知识传递无积极影响。

组织结构指的是组织在分配任务、责任、权力，以及进行决策时正式和集权的程度（Child，1984）。组织成员不仅作为个体进行交互，也作为履行组织角色的主体进行互动，因此组织结构对企业如何处理知识而言有一定的重要性（Lane，Salk & Lyles，2001）。灵活的组织结构（非官僚，非层级）与更高的知识获取能力有关（Dodgson，1993），组织灵活性鼓励组织成员接受外部的刺激，促进组织内的合作和信息交换，赋予成员更多的自由调整行为和行动路径以适应感知到的变化需求，从而提高吸收能力和促进知识传递进程（Hedlund，1994；March，1991）。Tang、Xi 和 Ma（2006）构建两种网络类型——层级网络和无尺度网络，利用单层感知器模型（single-layer perceptron model）模拟知识传递过程，结果表明，尽管知识传递绩效与知识源传递知识的意愿有关，但是无尺度网络在知识传递过程中比层级网络更有效。Lane、Salk 和 Lyles（2001）对 22 家生化企业与 48 家制药企业之间的 69 个联盟进行了统计分析，结构表明，知识源企业和知识接收方企业之间组织结构的相似性有助于组织间学习。

投资模式对企业的技术学习也产生一定影响。Schildt、Maula 和 Keil (2005)对110家大型美国公共信息和传媒技术企业于1991~2000年的专利引用数据进行统计分析，试图探查企业外部投资模式及技术关联度对外部投资企业探索性学习和利用性学习的影响，其中企业外部投资模式包括企业风险投资、联盟、合资及兼并。结果表明，投资管理模式的整合度越低，探索性学习的程度越高，也就是说，非股权联盟比合资或兼并更适合于探索性学习。此外，技术关联度和下游垂直关联度则降低了探索性学习的可能性，这表明，试图提高探索性学习的企业应该寻找具有不同技术的合作伙伴，并最好不要与客户合作。

三、知识属性影响因素研究

知识属性影响知识积累的速度、可被保留的程度，以及在企业内部和企业边界之间扩散的难易度（Argote，McEvily & Reagans，2003），因此，知识属性是影响企业技术学习的重要因素（表2-5）。

表2-5 产业集群企业技术学习的知识属性影响因素相关研究

知识属性	主要观点	代表研究
缄默性	缄默知识比显性知识难于传递	Nonaka & Takeuchi，1991；Zander & Kogut，1995
复杂性	当知识复杂程度适中时，社会交往中离知识源近的主体与离知识源远的主体相比最有优势	Sorenson, Rivkin & Fleming，2006
因果模糊性	具有较高因果模糊性的知识与具有较低因果模糊性的知识相比更加难于传递	Crossan & Inkpen，1995；Hedlund & Zander，1993；Simonin，1999；Szulanski，1996；Ryall，2009
	因果模糊性在缄默性、资产专用性、前期经验、复杂性、合作伙伴保护性、文化距离及组织距离与知识传递关系中起到中介作用	
异质性	知识异质性或认知距离给企业的技术学习带来多样性的内容和新价值；另外，认知距离妨碍企业的相互理解	Nooteboom, van Haverbeke, Duysters et al.，2007
	创新需要异质性知识，组织对异质性知识的搜寻是关键的	Sammarra & Biggiero，2008
元件知识和建构知识	编码的元件知识比企业特定的架构知识易于传递	Pinch, Henry, Jenkins et al.，2003
公共知识和私有知识	企业的正常联结适合传递公共知识，嵌入性联结更适合传递私有知识	Uzzi & Lancaster，2003

知识包括多种属性，主要区分之一为隐性知识和显性知识（Oliveira，1999）。隐性知识是通过干中学积累的技能中缄默性和难以编码的部分（Reed & DeFillippi，1990）。Polanyi（1967）对缄默性的描述很好地诠释了其内在特征："我们知道的比能够表达出来的要多。"缄默知识比显性知识更加难于传递（Nonaka & Takeuchi，1991），并且最好通过充分的沟通方式如观察进行传递（Nadler，Thompson & van Boven，2003）。相似地，Zander 和 Kogut（1995）指出，未编码知识比编码知识难于传递。

复杂性指的是与特定知识或资产相关的技术、惯例、个体及资源相互依赖的程度（Simonin，1999）。Reed 和 DeFillippi（1990）指出，复杂的技术系统导致了较高的因果模糊性，从而限制了模仿。Kogut 和 Zander（1993）在研究中指出，当技术复杂性增加时，与第三方相比，它们更有可能被传递给全资所有的子公司。进一步地，Sorenson、Rivkin 和 Fleming（2006）利用社会网络分析方法对专利数据和引用率进行分析，重点探讨了在接收知识的过程中，社会交往中离知识源近的主体与离知识源远的主体相比何时更有优势。结果表明，简单的知识对于远近主体而言扩散程度相同，因为离知识源远的主体可通过搜索进行弥补；复杂的知识即便在知识源附近也难于扩散；当知识的复杂程度中等时，离知识源近的主体通过高保真的传递和当地搜索可以接收到别处的知识，而离知识源远的主体则会受到知识相互依赖程度的阻碍。因此，当知识复杂程度适中时，社会交往中离知识源近的主体与离知识源远的主体相比最有优势。

因果模糊性指的是与行为和结果之间因果联系相关的基本模糊性（Lippman & Rumelt，1982）。具有较高因果模糊性的知识与具有较低因果模糊性的知识相比更加难于传递（Szulanski，1996b），因此，在知识传递的过程中要特别关注知识的因果模糊性对于沟通的妨碍（Hedlund & Zander，1993）。Crossan 和 Inkpen（1995）认为为了确保合资企业的学习策略更为可行，企业应当克服与其合作者技能相关的因果模糊性。Ryall（2009）在研究中指出，复杂性和因果模糊性是企业进行模仿的阻碍性因素，前者妨碍探索性学习即干中学，后者妨碍吸收性学习即通过观察进行学习。相似地，Daft 和 Lengel（1984）指出，组织或个体承担的任务一般有两个特性——模糊性和不确定性，不确定性由信息的缺乏造成，模糊性指的是同一任务存在多种且相互冲突的解释；模糊性和不确定性与缄默性有关，其中不确定性影响沟通和信息处理的容易度，模糊性与知识传递的解释或理解过程有关（Albino, Garavelli & Schiuma, 1998）。进一步地，不同于以往研究关注缄默性、复杂性等属性对知识传递的直接影响，Simonin（1999）的研究强调了知识的因果模糊性在缄默性、资产专用性、前期经验、复杂性、合作伙伴保护性、文化距离及组织距离与知识传递关系中的中介作用，其基于147家跨国企业样本，利用结构方程方法进行统计分析，重点探讨了知识的因果模糊性在战略联盟知识传递过程中所扮演的角色。

异质性指的是个体通过所在网络可获得的知识、诀窍、技能的多样性（Rodan & Galunic, 2004）。企业间的知识异质性或认知距离对技术学习而言既是机会，又带来问题：一方面，一定的认知距离可以给企业的技术学习带来多样性的内容和新价值；另一方面，认知距离妨碍企业的相互理解。因此，认知距离与企业间的学习绩效可能存在倒U形的关系（Nooteboom, van Haverbeke, Duysters et al., 2007）。Sammarra和Biggiero（2008）基于组织层面进行分析，强调了对异质性知识的搜寻是相当关键的，他们指出已有文献较少揭示联盟企业在创新过程中在何种程度上交换不同类型的知识，基于此，其利用社会网络分析方法对罗马的航空产业集群进行实证研究。结果表明，与市场知识和管理知识相比，技术知识在集群内的传递最为广泛和普遍，这是由航空产业集群的高科技特性所决定的；此外，在大多数联盟中，合作双方同时传递三种类型的知识，可见创新是需要异质性知识的复杂过程。相似地，Carlile（2004）在研究中提出了知识的三种特性——差异性、依赖性、新颖性——对不同组织边界之间知识管理过程的影响，差异性指的是知识数量或种类上的差异，依赖性指的是为了实现彼此的目标、主体之间需要相互考虑，新颖性来自新的客户需求以及新产品研发过程中对于共同知识的不熟悉；当差异性或依赖性上升时，企业用于分享和评估各自知识的复杂性和精力也随之上升；当差异性和依赖性一定时，新颖性的增加会造成负面效应，这是因为知识的路径依赖性使得以往的共同知识无法匹配现有的新颖性。

另一关于知识的区分为元件知识（component knowledge）和建构知识（architectural knowledge）（Henderson & Clark, 1990），其中元件知识指的是组织产品、工艺或运营的某一特定方面，建构知识指的是将元件整合为完整系统的不同方式。Pinch、Henry、Jenkins 等（2003）认为编码的元件知识比企业特定的架构知识更加易于传递，随着时间的推移，产业集聚会逐渐形成集群层面特定的架构知识，其可提高临近企业的学习能力，有助于知识在集群的快速传递，从而建立集群层面的竞争优势。

近期研究还指出，知识是公共的还是私有的同样也会影响技术学习。在公共领域通过报告获取的知识为"硬"信息，而私有知识是关于企业未公布的信息，不能为大部分人获取，为"软"信息（Argote，McEvily & Reagans，2003）。Uzzi 和 Lancaster（2003）指出，适用于传递公共或私有知识的关系或联结不同，企业的正常联结适合传递公共知识，相比之下，嵌入性联结更适合传递私有知识。

此外，Winter（1998）在研究中强调了知识的四种特性——缄默性/可表达性、可观察性/不可观察性、复杂性/简单性、独立性/相互依赖性。进一步地，Zander 和 Kogut（1995）关注了知识的可编码性、可教授性、复杂性、系统依赖性、可观察性对制造能力的传递和模仿的影响。Dahl 和 Pedersen（2004）在研究中指出，非正式联系是产业集群内部工程师获取知识的重要渠道，即便公司关于新产品的特定知识也可以通过非正式联系获得。

四、企业技术学习影响因素研究小结

网络属性、企业特征及知识属性是影响产业集群内企业技术学习的三类重要影响因素。其中网络属性影响因素可区分为关系特性和结构特性影响因素，关系特性影响因素包括关系嵌入性、联结类型等，结构特性影响因素包括中心性、网络范围、结构洞等。企业特征影响因素可区分为认知层面和组织层面影响因素，认知层面影响因素主要为吸收能力，组织层面影响因素包括共享目标及文化、知识传递双方的意愿和动力、组织结构、投资模式等特征。知识属性影响因素主要有缄默性、复杂性、因果模糊性、异质性、公共性/私有性等。从现有三类影响因素相关研究中可得出以下结论。

（1）产业集群情境下知识属性对企业技术学习行为的影响相关研究仍相对缺乏。产业集群、战略联盟、企业内部不同业务单位之间的关联、跨国公司母公司与子公司之间的联系均可视为典型的网络类型（Inkpen & Tsang，2005；

Tsai，2001），因此，本书借鉴了上述不同网络情境下的企业技术学习行为影响因素相关文献，以期为研究提供更为广阔的视角。综观现有研究可以发现，网络属性影响因素、企业特征影响因素相关研究以产业集群为情境展开了一定的讨论（Boschma & ter Wal，2007；Capello & Faggian，2005；Giuliani，2007；Giuliani & Bell，2005；Inkpen & Tsang，2005；Maskell & Malmberg，1999；Parra-Requena，Molina-Morales & García-Villaverde，2010），相比而言，知识属性影响因素相关研究则大多以跨国企业或企业内网络为研究情境（Crossan & Inkpen，1995；Kogut & Zander，1993；Simonin，1999），以产业集群为研究情境的文献较为有限。

（2）在企业技术学习的知识属性影响因素相关研究中，实证研究较为有限。就知识属性影响因素相关研究而言，大多数文献主要停留在框架构建和理论阐述层面上，它们指出了知识属性对于企业技术学习和知识传递可能存在的影响，却没有进一步进行实证研究（Argote，McEvily & Reagans，2003；Carlile，2004；Reed & DeFillippi，1990），仅有少数研究明晰地就知识属性对技术学习的影响进行了深入的实证探查（Simonin，1999；Sorenson，Rivkin & Fleming，2006）。

（3）不同于以往大部分研究仅关注单一类型影响因素，部分研究开始关注一种类型影响因素对另一种类型影响因素与企业技术学习之间关系的影响。例如，Hansen（1999）指出，当知识较为复杂时，弱联结将会阻碍知识的传递；相似地，Reagans 和 McEvily（2003）认为联结强度与知识传递之间的关系可能受到知识缄默度的影响；进一步地，Sorenson、Rivkin 和 Fleming（2006）实证研究了在知识复杂性的调节作用下，社交临近对知识传递的影响。这表明，在一种类型影响因素的调节作用下，另一种类型影响因素对企业技术学习和知识传递的影响是未来可关注的方向。

基于上述三点，一方面，本书将关注知识属性对集群企业技术学习策略的影响；另一方面，本书将探讨在网络属性的调节作用下，知识属性对企业技术学习策略的影响，以求进一步厘清知识属性与企业技术学习策略之间的影响机制。

第三节 知识属性与企业绩效关系研究

对于企业而言,知识这一无形资产比其他任何有形资产更为重要(Spender & Grant, 1996)。快速有效地使用知识的企业可以进行高效、成功的创新(Lynn, Skov & Abel, 1999)。Teece (1988)指出,成功地创造出新产品取决于企业的无形资产——知识。如表2-6所示,总体而言,现有研究较多关注知识缄默性、复杂性、异质性与企业绩效之间的关系(Conner & Prahalad, 1996; Reed & DeFillippi, 1990)。

企业拥有缄默知识与成功进行新产品研发同样重要(Madhavan & Grover, 1998)。Cavusgil、Calantone 和 Zhao(2003)指出,不同于显性知识,缄默知识难于跨界传递和应用,因此更为稀少、独特,令竞争者难于复制;其对182家美国的制造企业和服务企业进行实证研究,结果表明,缄默知识的传递有助于企业创新能力的提高。进一步地,Haas 和 Hansen(2007)对一家管理咨询公司的182个销售团队进行实证研究,指出通过电子文档共享编码知识有助于节约时间,但无法提高工作质量以及为客户服务的能力;相反地,共享私人的建议可以提高工作质量以及为客户服务的能力,但无法节约时间。该研究为学者们理解企业的知识能力如何转化为工作绩效提供了微观基础。

表 2-6 知识属性对企业绩效的影响相关研究

知识属性	主要观点	代表性研究
知识缄默性	缄默知识的传递有助于企业创新能力的提高	Cavusgil, Calantone & Zhao, 2003; Haas, 2007
	共享私人建议可以提高工作质量以及为客户服务的能力	
知识复杂性	技术知识复杂性有助于保护企业主要的产品改进免于模仿	McEvily & Chakravarthy, 2002; Hobday, 1998
	产品复杂性对企业创新过程具备积极作用	
知识异质性	异质知识有助于提高创新绩效	Rodan & Galunic, 2004; Bonner & Walker, 2004
	对于寻求较大创新性的新产品开发项目而言,通过与具备异质知识的客户合作,可为项目带来更高的新产品绩效	

复杂性阻碍企业之间知识的传递,使得企业的核心技术和知识不为竞争者所获取,从而维持了创新企业的竞争优势(Kash & Rycroft, 2002; Mitchell & Singh, 1996; Simonin, 1999; Singh, 1997)。复杂技术包括更多的成分和关

系，模仿的企业需要花费更长的时间去研究这些成分和关系，以及它们对产品功能和绩效的影响，因此复杂技术难于模仿（Szulanski，2000）。相似地，McEvily 和 Chakravarthy（2002）实证研究了知识的复杂性、缄默性、特定性是否以及如何影响企业的绩效优势。结果表明，技术知识的复杂性和缄默性有助于保护企业主要的产品改进免于模仿，但无法保护次要的产品改进；技术知识的特定性可延迟企业的次要产品改进。Hobday（1998）指出产品复杂性对企业创新过程的积极作用，关注了复杂产品系统的产生和发展，以及该系统的性质如何影响创新和产业组织；由于复杂产品系统高度定制，要求数个生产商共同工作，因此复杂产品系统内部创新的演化不同于大规模定制产品。Carbonell 和 Rodriguez（2006）关注了技术复杂性调制研发团队设计与创新速度之间的关系，基于对 183 个新产品项目的实证研究指出，管理者根据项目的技术复杂性设计研发团队：对于技术复杂性高的项目而言，研发团队由工作地点接近的全职员工组成；对于技术复杂性低的项目而言，研发团队由有经验的兼职员工组成。

创新是需要异质性知识的复杂过程（Sammarra & Biggiero，2008）。与来自不同市场和不同技术领域的领先客户合作有助于接触到更多的新产品知识和新的市场机会（von Hippel，1986），从而推进新产品开发项目的顺利实施（Ahuja，2000）。Burt（1995）在其结构洞理论中指出，在非冗余（异质）联系中扮演桥梁角色的企业可获得新的、多样化的信息，从而为其带来竞争优势。相似地，Rodan 和 Galunic（2004）对欧洲电信公司的 106 名中层管理者进行取样，实证研究结果表明，与网络结构相比，异质知识对管理绩效具备同等的重要性，对创新绩效具备更大的重要性。进一步地，Bonner 和 Walker（2004）基于权变视角，对 137 个新产品开发项目进行实证分析，重点关注了产品新颖度如何调制关系嵌入性和知识异质性对新产品绩效的影响。结果表明，对于寻求渐进性创新的新产品开发项目而言，通过与具备同质知识的客户合作，可为项目带来更高的新产品绩效；而与具备异质知识的客户合作，则为项目带来更低的新产品绩效。对于寻求较大创新性的新产品开发项目而言，通过与具备异质知识的客户合作，可为项目带来更高的新产品绩效；而与具备同质知识的客户合作，则为项目带来更低的新产品绩效。

结合现有关于知识属性与企业绩效关系的研究可知，已有研究尚存在两点不足：①尽管大多数研究指出企业应围绕具备缄默性、复杂性、异质性的知识形成竞争战略，但只有有限的研究就知识与绩效之间的关系提供实证支持（Teece，1998）；②较少研究就知识属性对企业绩效的作用机制进行关注，已有研究大多关注了知识属性对企业绩效的直接影响（Cavusgil，Calantone & Zhao，2003；McEvily & Chakravarthy，2002；Rodan & Galunic，2004），却忽视了对其相关作用机制的研究。

针对上述不足，本书选取企业的技术创新绩效作为因变量，重点关注知识属性对企业技术创新绩效的作用机制，以弥补以往研究不足。具体而言，本书拟选取技术学习惯例作为知识属性与企业技术创新绩效关系的中介变量，下文将详细阐述技术学习惯例的相关研究以及本书对于选取技术学习惯例作为中介变量的考量。

第四节　技术学习与企业绩效关系研究

技术学习为创新提供了知识基础（Leonard，1995），企业技术变革的相关研究表明企业的创新是其知识基础提升的结果（Griliches，1990）。基于此，学者们围绕技术学习对企业绩效的影响展开了广泛的研究。如表2-7所示，现有研究大致可分为两类：第一类围绕企业绩效的其他影响因素进行研究，但指出该影响因素主要通过技术学习影响企业绩效；第二类直接关注技术学习对企业绩效是否存在影响。

表2-7　技术学习对企业绩效的影响相关研究

研究分类	主要观点	代表研究
第一类研究：把技术学习作为主要解释要素	直接联结通过知识共享、互补性、规模经济影响企业创新产出	Ahuja，2000
	管理网络中心性使企业可以获得更多关于创新的信息和资源，从而提高自身的创新绩效	Bell，2005
	在快速变化的技术环境中，更为广泛的企业间网络可以提供更多关于变革技术和市场机会的信息	Eraydin & Armatli-Köroğlu，2005

续表

研究分类			主要观点	代表研究
第二类研究：直接关注技术学习对企业绩效的影响	存在显著的影响	不同知识获取渠道对企业绩效的影响及其差异	对于创新而言，搜寻产品特定的信息比搜寻更为广泛的市场和技术信息更为重要，与企业的合作比与支撑组织的合作更为重要	Souitaris, 2001
			员工之间非正式的信息交换与企业的经济绩效之间存在关系	Schrader, 1991
			不同知识共享渠道对绩效的贡献不同	Du, Ai & Ren, 2007
			创新产出与企业的内部创新能力和外部合作相关	Koschatzky, Bross & Stanovnik, 2001
		部分研究从不同学习方式、学习内容等角度关注了技术学习对企业绩效的影响	探索性学习和利用性学习与新产品开发绩效之间存在倒 U 型关系	Li, Chu & Lin, 2010
			技术获取中所获取知识基础的绝对规模提高企业创新绩效	Ahuja & Katila, 2001
	未必存在显著的影响	某些知识获取渠道对企业绩效不存在影响	研发组织、技术传递组织、与客户的合作对企业创新无正面影响	Kaufmann & Tödtling, 2001
		技术学习对企业绩效的某一维度不存在影响	技术知识溢出对新创企业的销售额增长不存在影响	Gilbert, McDougall & Audretsch, 2008
			内部研发和外部技术来源对新产品数目不存在显著影响	Lee, 1995
		技术学习对企业绩效的影响取决于企业内部因素，或者仅内部因素而非外部联系影响企业绩效	技术学习与市场绩效之间存在一定关系，但是该关系取决于企业特定的非线性因素	Carayannis & Alexander, 2002
			同时投资于技术引进和研发人员的企业具备更大的创新优势，而非仅依据高水平的技术引进或研发人员投资	Liu & White, 1997
			尽管企业间联系对企业创新的商业成功不存在影响，组织内部联系对于创新的商业成功却很重要	Love & Roper, 2001

一、第一类研究：把技术学习作为主要解释要素

部分学者虽然关注的是其他影响因素对企业绩效的影响，但却把技术学习作为主要解释要素，以阐述企业绩效得以提高的原因。

Ahuja（2000）对 268 家合资企业之间的 152 次共同研发进行实证研究，指

出企业自我中心网络中的直接联结、间接联结对创新绩效存在正向影响，其中直接联结通过知识共享、互补性、规模经济影响企业创新产出。

相似地，Bell（2005）对加拿大共同基金公司的创新性进行了研究，结果表明，处于集群内部以及管理网络中心性可以提高公司的创新性。他指出，集群内的企业更具创新绩效是由于企业可以直接观察竞争者，探索集体性知识，并通过社会网络获益；管理网络中心性则使企业可以获得更多关于创新的信息和资源，从而提高自身的创新绩效。

进一步地，Eraydin 和 Armatli-Köroğlu（2005）对土耳其的三个产业集群进行了深度访谈，结果表明，参与国际网络较多的企业比参与当地网络较多的企业更具创新性。这是因为，国际网络可以给企业提供外部专业技能，促进企业产生新创意，并转化为商业化产品；在快速变化的技术环境中，更为广泛的企业间网络可以提供更多关于变革技术和市场机会的信息。

二、第二类研究：直接关注技术学习对企业绩效的影响

部分研究直接关注技术学习对企业绩效的影响，根据实证结果，此类研究又可细分为两种类型：①技术学习对企业绩效存在显著的影响；②技术学习对企业绩效不存在显著的影响。

1. 技术学习对企业绩效存在显著影响

部分学者经过实证研究指出，技术学习对企业绩效存在显著的影响。

一方面，大部分研究实证分析了不同知识获取渠道对企业绩效的影响及其差异。

Schrader（1991）对 294 家美国专用钢材行业的企业进行了问卷调查，结果表明，企业之间的员工对信息进行交换，此种交换对于企业而言是必需的，员工之间非正式的信息交换与企业的经济绩效之间存在关系。

相似地，Du、Ai 和 Ren（2007）对中国西安的 249 个组织进行了问卷调查，结果表明，知识共享影响组织绩效，而且不同知识共享渠道对绩效的贡献不同，其中业务单位和组织间培训对绩效贡献最大，沟通和合作研发对绩效的贡献程度相似且略次于培训的贡献程度，与非研发部门的合作实验对绩效贡献程度中

等，引入员工和工作轮换对绩效略有贡献；此外，组织内活动的整合对知识共享和绩效的关系起到中介作用，灵活的组织结构则对知识共享和绩效的关系起到调节作用。Koschatzky、Bross 和 Stanovnik（2001）基于斯洛伐利亚共和国的产业创新问卷调查数据进行实证分析，研究了斯诺伐利亚制造业的结构性特征及其创新行为。他们指出，创新产出与企业的内部创新能力和外部合作相关，企业主要与价值链上的垂直维度如顾客及供应商进行外部合作，以获取资源，减少不确定性，进入新的技术领域；此外，企业的外部合作主要采取非正式的信息交换形式，较少进行合作研发以及显性的知识传递。

进一步地，Vega-Jurado、Gutierrez-Gracia 和 Fernandez-de-Lucio（2009）重点关注了外部知识获取策略对企业产品创新和工艺创新的影响，并评估了企业的技术能力在何种程度上影响它们之间的关系，其中外部知识获取策略包括购买与合作两种策略。该研究对西班牙 1329 家参与创新活动的制造企业进行了实证研究，结果表明，产品创新和工艺创新的知识获取策略显著不同，尽管内部研发活动与外部科学知识来源相关，但它们并没有促进创新研发的提升，也就是说，技术能力并不影响技术获取策略与创新之间的关系。

另一方面，部分研究从不同学习方式、学习内容等角度关注了技术学习对企业绩效的影响。

Li、Chu 和 Lin（2010）基于对 253 个新产品开发项目的问卷调查进行统计分析，重点关注了项目层面探索性学习和利用性学习对新产品开发绩效的影响以及它们之间的交互作用，结果表明，探索性学习和利用性学习与新产品开发绩效之间存在倒 U 型关系，工艺导向、承担风险的意识及环境动态性加强了探索性学习对新产品绩效的影响。Ahuja 和 Katila（2001）研究了化学行业中技术获取对于企业创新绩效的影响，其对技术获取、技术性资产获取及非技术获取进行了区分，构建了技术获取与企业创新绩效关系的研究框架。结果表明，技术获取中所获取知识基础的绝对规模提高企业创新绩效，所获取知识的相对规模则降低企业创新产出；非技术获取对企业创新产出不存在显著效果。

2. 技术学习对企业绩效不存在显著的影响

不同于上述研究结果，相反地，部分研究表明，技术学习对企业绩效未必存在显著影响，主要表现在以下三方面。

首先，某些知识获取渠道对企业绩效不存在影响。Kaufmann 和 Tödtling（2001）基于1996年对英国、比利时、德国、奥地利、西班牙、葡萄牙、芬兰展开的创新系统调查进行实证研究。结果表明，高校使得企业可以引进更多的创新，而研发组织对企业创新则无正面影响，可见纯科学在刺激创新上比集中于商业化的应用研究更为有效；与客户的合作对企业的创新频率既无正面影响也无显著的影响，而供应商和咨询公司则对企业的创新存在正向的影响，它们扮演了桥梁的作用，传递重要的技术和诀窍给创新企业，使得它们可以引进更多先进的创新；介于科学和行业之间的技术转移组织在刺激创新方面并不有效；与外界联系相比，内部能力在刺激企业超越渐进性创新活动、引进先进创新方面更为重要。

其次，技术学习对企业绩效的某一维度不存在影响。Gilbert、McDougall 和 Audretsch（2008）关注了集聚、知识溢出与新创企业绩效之间的关系。结果表明，位于集群内的企业可以从当地环境吸收更多的知识，从而拥有更高的增长率和创新绩效；技术知识溢出对新创企业的产品创新有影响，但除溢出外存在更重要的因素影响产品创新；此外，技术知识溢出对新创企业的销售额增长不存在影响，这一观点与以往研究有所出入。Lee（1995）关注了韩国电子产业中的小企业技术获取策略与创新之间的关系，作者指出，内部研发和外部技术来源对新产品数目不存在显著影响，而内部研发与来自客户和供应商的技术信息获取对新产品的技术突破性存在显著的正面影响，并且该正面影响在新技术情境下比在传统技术情境下表现得更为强烈。

最后，技术学习对企业绩效的影响取决于企业内部因素，或者仅由于内部因素而非外部联系影响企业绩效。Carayannis 和 Alexander（2002）对企业技术学习与市场绩效之间的关系进行了验证，研究表明，技术学习与市场绩效之间存在一定关系，但是该关系取决于企业特定的非线性因素。Liu 和 White（1997）对5年内来自中国29个制造行业的数据进行分析，以验证传统创新影响因素和引进国外技术对创新的重要性。结果表明，同时投资于技术引进和研发人员的企业具备更大的创新优势，仅依据高水平的技术引进或研发人员投资不能区别出具备较高新产品销售额的行业。这一发现把外部知识获取和内部吸收能力联系在一起，发展中国家的企业既需要进行国外技术引进也需要对研发人员进行投资，以应用创新知识满足国内市场需求。Love 和 Roper（2001）实证研究了英国、德国、爱尔兰企业对于研发、技术传递、网络的投资是否对其创新活动存在影响。结果表明，外部联系（技术传递或网络）对创新强度不存在影响；尽管企业间联系对企业创新的商业成功不存在影响，但是组织内部联系对于创新的商业成功却很重要；研发、技术传递、网络联系在创新过程中是互为替代的，而非相互补充。

三、技术学习与企业绩效研究小结

综上所述，现有文献对技术学习如何影响企业绩效进行了大量的实证研究，根据前述相关研究可得出以下结论。

（1）对创新绩效的关注。大多数研究关注的是技术学习对企业创新绩效的影响（Ahuja，2000；Ahuja & Katila，2001；Bell，2005；Eraydin & Armatli-Köroğlu，2005；Koschatzky，Bross & Stanovnik，2001；Li，Chu & Lin，2010；Souitaris，2001；Vega-Jurado，Gutierrez-Gracia & Fernandez-de-Lucio，2009），这反映了技术学习的本质影响：通过增加产品、工艺相关的技术知识基础从而提高企业创新的可能性。

（2）现有研究结论的不一致反映了创新过程中企业内部因素的重要性。如前所述，部分学者指出技术学习对企业绩效有显著影响，而部分研究则认为技术学习对企业绩效不存在显著影响。这一基本研究问题的分歧凸现了企业内部因素的重要性，即技术学习与企业绩效之间的关系在一定程度上受企业内部因素的影响，仅技术学习本身不足以提升企业的绩效，还应将企业特征如吸收能力等要素考虑在内。例如，Carayannis 和 Alexander（2002）指出技术学习与企业绩效的关系取决于企业特定的因素；Kaufmann 和 Tödtling（2001）认为与外部联系相比，企业内部能力在促进企业创新上更为重要；Liu 和 White（1997）强调同时投资于技术引进和研发人员的企业具备更大的创新优势，指出了企业内部吸收能力的重要性。

（3）当前研究较少关注技术学习对企业绩效的作用机制。大多数研究仅关注了技术学习对企业绩效的影响，它们将重点放在不同的知识获取渠道（与高校、研发机构的合作，与供应商、客户的联系，培训，员工流动，非正式的人际交流等）（Du, Ai & Ren, 2007; Koschatzky, Bross & Stanovnik, 2001; Schrader, 1991）、技术学习策略（购买、合作）（Vega-Jurado, Gutierrez-Gracia & Fernandez-de-Lucio, 2009）、技术学习方式（探索性学习、利用性学习）（Li, Chu & Lin, 2010）、技术学习内容（产品特定信息、广泛的市场和技术信息，技术获取、非技术获取）（Ahuja & Katila, 2001; Souitaris, 2001），以及不同的绩效维度（新产品数目、技术突破性，产品创新、销售额增长，产品创新、工艺创新）（Gilbert, McDougall & Audretsch, 2008; Lee, 1995; Vega-Jurado, Gutierrez-Gracia & Fernandez-de-Lucio, 2009）上，着重探讨不同知识获取渠道对绩效作用的差异性以及技术学习对不同绩效维度的作用是否不同，却忽视了对技术学习如何影响企业绩效作用机制的考察。

基于以上三点，本书将关注技术学习策略如何通过企业内部要素影响创新绩效。本研究弥补了以往研究不足，以期更为深入地揭示技术学习对企业创新绩效的作用机制。具体而言，该研究问题在一定程度上继承了以往研究思路，并将在其基础上进行完善：①对技术学习策略的设计将涵盖水平、垂直，正式、非正式，集群内、集群外知识获取渠道，从而更为全面地刻画企业获取外部知识的策略；②选取创新绩效作为研究问题的因变量，这符合以往研究对于创新绩效的关注；③关注企业内部要素的中介作用，传承以往研究对于企业内部特征的强调。具体而言，本书拟选取技术学习惯例作为技术学习策略与企业创新绩效关系的中介变量，下一节将详细阐述技术学习惯例的相关研究以及本书对于选取技术学习惯例作为中介变量的考量。

第五节 技术学习惯例理论综述

组织惯例（organizational routines）是组织行为的基本构成要素，也是组织能力的源泉所在（Becker, 2004; Cyert & March, 1963; March & Simon, 1958; Nelson & Winter, 1982）。惯例对企业的作用体现在：协调与控制、调解、对认知资源的经济化、减少不确定性、增加稳定性、储存知识（Becker,

2004)。惯例是组织理论领域的重要概念之一。对惯例的探讨有助于我们理解组织能力的积累、传递及应用过程（Cohen, Burkhart, Dosi et al., 1996）。Nelson和Winter（1982）在其关于组织和经济变革的研究中也强调了惯例的核心作用。

一、惯例的基本定义

惯例是在企业演化、竞争和创新的过程中，有规律、可预测的组织行为模式（Nelson & Winter, 1982）。Feldman和Pentland（2003）指出，惯例是由多个主体所进行的相互依赖的、重复的、可辨认的行动模式。相似地，Becker（2005）认为惯例是组织内部经常性的交互模式（recurrent interaction patterns），其反映了主体在特定情况下做什么，以及工作任务在组织内部是如何被完成的。进一步地，Becker（2004）指出，惯例的特征有：模式（patterns），经常性（recurrence），集体性（collective nature），过程性（processual nature），情境依赖性、嵌入性和特定性（context-dependence, embeddedness and specificity），路径依赖性（path dependence），诱因（triggers），无意与努力完成的对比（mindlessness vs. effortful accomplishment）。

Reynaud（2005）基于个体、组织，有意、无意两个维度总结了惯例的四种代表性含义（表2-8）。Ⅰ代表的是个体层面的无意识的学习能力，也就是技能，其表示重复执行相同任务的能力。Ⅱ代表的是组织层面无意识的学习能力，即标准运营流程，其表示企业内部简单的决策制定规则，仅需要极少的信息。Ⅲ表明了个体层面有意识的学习能力，代表了个体解决新问题的能力或搜索。Ⅳ代表了近十年来学者们所持有的新观点：组织惯例是组织层面的行为模式，并涉及有意识的学习能力。

尽管现有文献仍在惯例的个体、集体，有意、无意维度上存在分歧，本书拟采纳近十年来学者们所持有的新观点对惯例进行定义，即惯例是组织层面多个主体所进行的经常性的、交互的行为模式。进一步地，本书对技术学习惯例的定义为：组织层面多个主体围绕技术学习所进行的经常性的、交互的行为模式。

表 2-8 惯例的多种含义

学习能力	行为类型	
	个体	组织
无意 mindlessness	I 技能（skills）（Cohen & Bacdayan, 1994; Lazaric, 2000; March & Simon, 1958; Nelson & Wincer, 1982）	II 标准运营流程（standard operating procedure）（Cyert & March, 1963; March, 1981; Nelson & Wincer, 1982）
有意 sense making	III 个体解决新问题的能力或搜索（individual capability to solve new problems or search）（Cohen, Burkhart, Dosi et al., 1996; Dosi, 1992）	IV 组织惯例（organizational routine）（Feldman & Rafaeli, 2002; Feldman, 2000; Feldman, 2003; Pentland & Reuter, 1994）

资料来源：Reynaud（2005）。

二、惯例的内部结构和研究视角

早期研究大多把惯例看作黑箱，忽视其内部结构。尽管把组织惯例看作黑箱是一种简单而普遍的做法，但这一视角会限制我们对于组织惯例的理解（Pentland & Feldman, 2005）。随着研究的深入，学者们开始更多地考虑惯例的内部结构，以期更好地理解惯例在组织中的角色以及惯例自身的演化和变革。

Feldman & Pentland（2003）指出，惯例涵盖两方面特征：指示方面（ostensive aspects）和行为方面（performative aspects）。其中指示方面指的是人们所持有的抽象的理解，该理解指导人们的行为和实践，行为方面指的是在该惯例下如何做事情的具体的工作表现（图 2-1）。在具体的情境下，组织惯例的上述方面可由不同的依托物（artifacts）编码或限定，依托物有许多不同的形式如书面规则、程序；之所以对依托物进行强调，是因为基于它们可以收集关于惯例的数据（Pentland & Feldman, 2005）。具体而言，规则和书面程序可看作惯例指示方面的代理（proxy），工作日志和数据库则可代表惯例的行为方面（Pentland & Reuter, 1994）。

对于惯例指示方面和行为方面划分的作用体现在以下两方面。

首先，这一划分反映了惯例相关文献的两种主要研究视角：行为视角和认知视角（Becker, 2004）。就前者而言，部分学者认为惯例指的是规律性的行为（behavioral regularities）（Dosi, Teece & Winter, 1992; Winter, 1986），其指

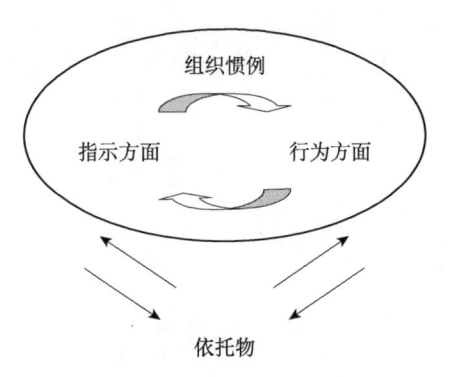

图 2-1　组织惯例作为一个整体系统

资料来源：Pentland & Feldman (2005)

代的是集体层面的行为模式（Dosi，Nelson & Winter，2000）。就后者而言，另外一些研究则认为惯例代表规则、标准的运营程序等（Cyert & March，1963；Egidi，1996；March & Simon，1958）。与行为视角相比，认知视角忽视了惯例在不同情境下的表现，惯例的有效性取决于实践中做了什么，而非原则上实现了什么（Cohen，Burkhart，Dosi et al.，1996）。

其次，这一划分使得学者们开始更多地关注任务在实际中是如何被完成的，可以说，直到近来，关于惯例的研究才开始关注现实情境下实际的工作（Hales & Tidd，2009）。例如，Cohen、Burkhart、Dosi 等（1996）指出，惯例的存在有以下表现（representations）：①个体针对各自角色所持有的记忆。②当地共享的语言。③国际性的语言形式。④物体表现：工具，空间安排，写作编码。⑤组织实践：文档，人员轮岗，对以往工作示范的保存。进一步地，Hales 和 Tidd（2009）基于纵向研究，利用观察数据对惯例在新产品设计和开发中的角色进行了实证研究。该研究聚焦于某一复杂资本品设计和研发过程中的正式惯例及其正式表现（formal representations）。具体而言，正式表现包括工程绘图、财务审计、数码数据、文字说明。结果表明，正式惯例及其表现扮演的角色较为有限；相比之下，支持互动和沟通的非正式表现（non-formal representations）起到的作用更大，如日常演讲、姿势、事件描述等。Reynaud（2005）于1991~2000年针对某企业管理层引入生产奖金进行了案例研究，主要关注新规则对于组织内以往惯例的更改。结果表明，在生产奖金引入初期，其对任务的选取过程有所影响；在接下来的时期，抽象的新规则得以具体化，并变得更为全面，这一转化过程促使了惯例的形成，惯例为不完整的规则提供了实际的和暂时的解决方案。

基于以上两种视角，进一步地，Pentland 和 Feldman（2005）总结了对组织惯例进行分析的不同角度：①较为常见的做法是把组织惯例看作"黑箱"，在论述惯例的特性时这一视角尤为普遍，其有助于理解组织惯例；②为了研究特定惯例的演化，部分学者开始考察惯例的内部结构，包括行为方面、指示方面，以及相关的依托物；③惯例内部结构之间的交互也值得关注，包括指示方面与行为方面的交互、指示方面与依托物的交互、行为方面与依托物的交互，对上述关系的探索有助于更好地理解稳定性、刚性、创新、灵活性，及组织惯例的变革。他进一步强调，现有研究应更多关注组织惯例的内部结构及其关系，以揭示惯例在组织中的角色。

三、惯例相关研究小结

通过对惯例相关文献的回顾，本书认为现有文献存在以下几点不足。

（1）从行为视角出发对惯例进行的研究还相当有限。以往研究或者将惯例看作黑箱，或者从认知角度对惯例进行探讨，对于现实情境下组织内部的任务是如何被完成的，以及这一过程中的规律性行为却关注过少。以创新惯例为例，组织内部存在支持和指导创新的惯例（Nelson & Winter，1982），尽管后来学者们对惯例进行了大量的探讨，但至今对于实践中"什么是创新惯例"这一问题的看法仍然很模糊。可以说，演化经济学的挑战之一就是赋予企业创新惯例更多操作性的内容，深入理解创新惯例有助于企业辨识成功的创新管理，并将其与公司战略联系在一起（Pavitt，2002）。

（2）围绕惯例进行的实证研究尤其是定量研究较为缺乏。这一不足与以上一点是紧密相连的，由于没有从行为视角深入地探讨"惯例是什么""惯例在组织中是如何具体表现的"这些本质性问题，所以也就难于对惯例进行测度并进一步展开实证研究。正如 Pavitt（2002）所说："自惯例提出之后，相比于演化经济学的其他领域，从现实角度围绕这一概念进行的实证研究相当有限。"Becker（2005）也指出，现有研究对组织惯例的度量较为隐性，大多数采取的是定性研究方法。具体而言，以下两方面实证研究较为缺乏。

第一，现有研究指出了策略影响惯例的基本逻辑，但仍停留在理论层面，缺少相关实证研究。Winter（1986）指出惯例是一种做事情的方式。Reynaud（2005）指出，规则（rules）和惯例是组织主要的协调方式，惯例遵循于规则，是基于规则的行为模式，二者的区别在于：首先，规则是隐性的，惯例则是显性的；其次，惯例是一种务实的做法，能够解决问题，而规则只能给出理论的、抽象的、一般性的反应。这里所提到的规则类似于策略对惯例的作用。

第二，在组织理论和战略领域，学者们往往强调惯例在持续竞争优势中所扮演的角色（Barney，1991；Eisenhardt & Martin，2000；Nelson & Winter，1982），但关于惯例对组织竞争优势及绩效影响的实证研究也相当有限。Becker（2005）从行为层面出发，将惯例看作组织内部完成工作任务的方式，从使用频率和多样性两个方面刻画组织惯例的特征，构建了包括组织惯例前因及绩效结果在内的实证模型框架。其虽然提供了可供研究的方向，但却没有进一步去展开实证分析。

基于以上不足，本书将关注技术学习策略如何通过技术学习惯例影响企业创新绩效。具体而言，这一研究问题在以下方面弥补了以往研究不足：①从组织层面出发，构建技术学习惯例的形成过程，以揭示组织内多主体之间的互动性、相互依赖性；②着重从行为视角出发，关注"什么是技术学习惯例"，以求打开惯例黑箱，揭示实际情境下企业技术学习过程中的规律性的行为模式；③实证研究策略与惯例、惯例与绩效的关系，为现有文献提供定量支持。

此外，本书也将知识属性影响因素纳入到技术学习惯例的前因变量中，这是因为：本书主要从外部知识获取的角度关注集群企业的技术学习策略，相应地，技术学习惯例代表的是企业在现实情境下获取外部知识过程中所形成的经常性的行为模式；借鉴Becker（2005）在构建组织惯例实证研究框架时强调任务特征对组织惯例的影响，本书也将强调知识属性对技术学习惯例的作用，以继续关注情境因素对组织惯例的重要影响。

第六节 本章小结

根据前述对于集群企业技术学习、企业技术学习影响因素、知识属性对于企业绩效的影响、技术学习对企业绩效的影响，以及组织惯例五个方面的文献综述和归纳，可以看出，现有研究存在以下几点不足。

（1）大多数研究关注的是单一知识获取渠道在产业集群企业的创新能力提升和技术能力累积过程中所发挥的作用，对于更为系统化的技术学习策略关注较少。单一知识获取渠道不足以刻画产业集群中企业的技术学习行为，为求更为全面地研究企业技术学习行为，本书将重点关注集群企业的技术学习策略。

（2）现有研究大多关注的是网络属性及企业特征对于企业技术学习的影响，忽视了知识属性影响因素对于企业技术学习的作用。而知识属性是知识管理过程中除网络属性及企业特征外的重要情境因素。此外，部分研究开始探讨一种类型影响因素对另一种类型影响因素与企业技术学习关系的调节作用。基于此，本书将关注知识属性对企业技术学习策略的影响，以及网络属性对上述关系的调节作用，以期揭示知识属性对企业技术学习策略的影响机制。

（3）现有研究较少就知识属性与企业绩效之间的关系提供实证支持，也忽视了知识属性对企业绩效的作用机制。因此，本书将关注知识属性如何影响企业的技术创新绩效。

（4）现有文献就技术学习对企业绩效的影响进行了大量的实证研究，却忽视了技术学习影响企业绩效的作用机制。此外，实证结果尚存在一定分歧，表明企业内部因素在技术学习对企业绩效作用过程中起到了潜在的影响。因此，本书将探讨技术学习如何通过企业内部因素影响企业创新绩效。

（5）已有研究大多从认知视角探讨惯例，或者将惯例看作黑箱，忽视其内部结构，从行为视角对惯例进行的实证研究还非常有限。演化经济学虽然指出了惯例在组织变革及持续竞争优势中的重要作用，却没有赋予其更多操作性的内容。一方面，本书拟打开惯例黑箱，构建集群企业技术学习惯例及其形成过程。另一方面，基于策略影响惯例的基本逻辑，并将知识属性这一情境因素考虑在内，本书将探讨技术学习策略及知识属性如何分别通过技术学习惯例影响企业创新绩效。

综上所述，基于现有研究不足，本书将关注知识属性对集群企业技术学习策略的影响，并将分别探讨知识属性影响因素与技术学习策略如何通过技术学习惯例作用于企业创新绩效，以求更为深入、系统、全面地剖析产业集群内企业的技术学习和创新行为。

第三章
知识属性对技术学习策略作用机制模型的构建

第二章针对现有关于技术学习策略的研究做了简要的归纳，指出了现有研究的基本脉络和不足，以及本研究所关注的问题。针对上文所提出的第一个研究问题——知识属性对集群企业技术学习策略的作用机制，本章将构建相应概念模型，并结合已有研究展开理论探讨，提出知识属性对集群企业技术学习策略作用机制的细化假设。

第一节 模型构建

知识属性对集群企业技术学习策略作用机制的模型构建主要体现在以下三个方面。

（1）从外部知识获取的视角确定本书所关注的技术学习策略——深度优先和广度优先的外部知识获取。之所以选取这两种技术学习策略，是因为以下两点。

第一，在近期关于技术学习的研究中，部分学者开始强调深度优先及广度优先的技术学习策略在企业技术能力提升和创新过程中所发挥的作用。这表明：一方面，对技术学习策略从深度和广度两个维度进行划分是现有研究的一个趋势；另一方面，现有的深度优先及广度优先技术学习策略相关研究可为本书提供一定的理论基础。

Katila 和 Ahuja（2002）基于专利数据进行纵向研究，关注了企业搜索策略与新产品创新之间的关系。结果表明，搜索深度与企业新产品创新之间存在倒

U形关系，搜索范围与企业新产品创新之间存在显著的正向影响，搜索深度与搜索范围的交互作用对企业的新产品创新存在显著的正向影响。

Zahra、Ireland和Hitt（2000）探讨了国际多样性和跨国市场进入模式对技术学习的影响以及技术学习对新创企业绩效的影响，他们从广度、深度及速度三个方面刻画技术学习，涉及19种技术学习渠道。结果表明，国际多样性及跨国市场进入模式对技术学习的广度、深度及速度存在影响，技术学习对新创企业的绩效也存在影响。

进一步地，Laursen和Salter（2006）研究了企业的外部搜索策略在提升创新绩效中的作用，以及其利用外部搜索宽度和外部搜索深度来刻画企业获取外部知识的策略，涉及16种外部知识获取渠道。研究结果表明，一方面，广泛而深入的搜索可以提供创意和资源，从而帮助企业抓住创新机会；另一方面，过度的搜索则会降低创新绩效，也就是说，外部知识搜索的宽度和深度与企业创新绩效之间呈现倒U型关系。

第二，深度优先和广度优先的外部知识获取策略基于多种外部知识获取渠道进行构建，较为全面地刻画了企业获取外部知识的学习行为。正如第二章第一节所述，以往研究大多仅关注单一外部知识获取渠道，而选取此种技术学习策略进行研究可以弥补以往研究不足，更为深入地关注系统化的技术学习机制。

（2）就企业技术学习策略的知识属性影响因素而言，选取缄默性、异质性作为本书所关注的知识属性变量。

首先，在企业技术学习的知识属性影响因素相关研究中，缄默性、异质性对企业技术学习和知识传递的重要性已得到一定阐述（Nonaka & Takeuchi, 1991；Nooteboom, van Haverbeke, Duysters et al., 2007；Sammarra & Biggiero, 2008；Sorenson, Rivkin & Fleming, 2006；Zander & Kogut, 1995）。可以说，缄默性、异质性是已有研究强调较多的知识属性影响因素，且代表了知识属性不同维度的特征。

其次，本书预期上述两个知识属性将对深度优先和广度优先的外部知识获取策略产生不同的影响，其背后逻辑和原因值得厘清和探讨。

（3）选择网络中心性作为知识缄默性与技术学习策略关系的调节变量。网络中心性是衡量组织在网络中位置的重要概念工具，其提高了企业的信息容量，有利于企业搜索新知识，并在网络内部进行协调和控制（彭新敏，2009）。处于网络中心位置的企业可获取更多的信息和资源，在网络中具备更大的影响力（Klein，Lim，Saltz et al.，2004）。与网络中心性较低的情况相比，企业拥有更多的信息和资源通道时，知识属性对企业技术学习策略的影响可能受企业影响存在一定差异，此时企业可根据自身的资源和议价能力选择适合的技术学习策略，获取所需要的外部技术知识，推进自身的技术研发活动。因此，本书关注网络中心性如何调制知识属性与企业技术学习策略之间的关系，以期深入探讨知识属性对企业技术学习策略的作用机制。

在此，本书仅关注网络中心性对知识缄默性与企业技术学习策略关系的调制作用。这是因为，本书关注的知识异质性为集群内企业与其他企业之间在产品、工艺、设备上的差异性，上述差异性是客观存在的，本书认为网络中心性无法改变知识异质性与企业技术学习策略之间的关系。与之相比，知识缄默性与技术学习策略之间的关系受网络中企业之间关系的影响，因此，本书重点网络中心性对知识缄默性与技术学习策略关系的调制作用。

基于上述论述，可构建起本章基本概念模型，如图3-1所示。

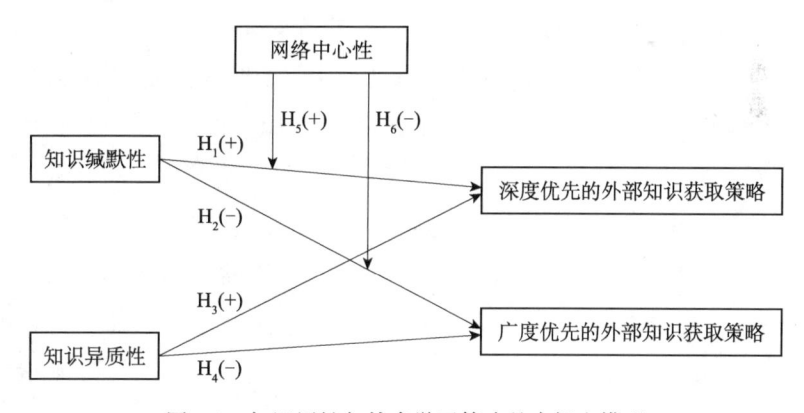

图3-1 知识属性与技术学习策略基本概念模型

第二节 知识属性和企业技术学习策略

本书重点关注深度优先的外部知识获取和广度优先的外部知识获取两种技

术学习策略。在现有研究中，外部搜索广度指的是在创新活动中企业依赖的外部知识来源或搜索渠道的数目，外部搜索深度指的是企业对不同外部知识来源或搜索渠道的利用程度（Laursen & Salter，2006）。相似地，技术学习宽度代表企业获取新技术技能的多个领域（Teece，Rumelt，Dosi et al.，1994）；技术学习深度代表企业对于新知识的掌握程度，到达一定深度后，企业可总结出新的结论，发现不同知识基础的新联系（Huber，1991）。基于此，本书对深度优先的外部知识获取定义为"在获取外部知识的过程中，企业主要对某几种知识获取渠道进行深度利用"；对广度优先的外部知识获取定义为"在获取外部知识的过程中，企业依赖多种知识获取渠道"。

一、缄默性与技术学习策略

在产业集群内部，企业之间溢出的知识大多为缄默知识（Albino，Garavelli & Schiuma，1998；Breschi & Lissoni，2001b）。缄默知识是企业竞争优势的来源之一（Howells，2002），是新发现和创造力的主要源泉，对创新的成功起到关键性的影响，是企业重要的资源和成功要素（Ragna Seidler-de & Evi，2008）。

缄默性指的是知识可被沟通和理解的程度（Zander & Kogut，1995）。Polanyi（1967）较早对隐性知识和显性知识进行了区分，他对隐性知识的描述为"我们知道的多于所能表达的"。隐性知识和显性知识的区别在于知识是否能以正式的、系统的语言进行编码和传递；隐性知识涉及直接的经验，主要通过对行为和程序的非正式掌握进行传递；显性知识可以通过正式的、系统化的语言进行传递，对于被传递的知识不需要直接的经验，传递形式包括蓝图或运营手册（Kogut & Zander，1993）。隐性知识与科学的直觉（Ziman，1978）以及科学领域中工艺知识的形成（Delamont & Atkinson，2001）有关，可看作试验性知识（Johanson & Vahlne，1977）；显性知识则为可表达的知识（Faulkner & Senker，1996）。

在知识管理和创新领域，缄默知识的重要性引起了学者对于知识缄默性的广泛关注，总体而言，已有研究着重阐述了缄默性对知识传递难易度的影响（Cohen & Levinthal，1990；Szulanski，1996b；Zander & Kogut，1995），而忽视了缄默性对于具体知识获取渠道或者技术学习策略的影响。基于此，本书将重点关注缄默性对企业技术学习策略起到何种影响,并进一步探讨其对于不同的技术学习策略是否存在不同的影响。

1. 缄默性与深度优先的外部知识获取策略

本书认为,知识缄默性从以下几个方面影响企业深度优先的外部知识获取策略。

首先,知识缄默性使得知识的传递一般发生在个体层面,且通过紧密而频繁的联系才能确保知识传递的顺利进行。

一方面,缄默知识通常为个体所有(personalized),具有一定的私人性。缄默知识是一定方式下行之有效的技巧、方法和设计,即使所有者也无法解释其中原因(Rosenberg,1982)。相似地,Nonaka 和 Takeuchi(1991)指出,缄默知识具有高度私人性,难于正式化,因而难于向其他人沟通。Kikoski 和 Kikoski J(2004)认为缄默知识是个体层面的知识,包含于个体的教育经历、自然天赋、经验和判断之中,如有经验的风险投资家通过缄默知识判断哪些商业计划更加值得投资;一旦解码,对组织将有创造性的贡献。进一步地,Jo、Richard、Bella Ya-Hui 等(2008)将缄默知识传递看作是个体化的知识传递,强调了缄默知识为组织内的员工所有,通过对1086家高科技企业进行问卷调查,指出了缄默知识传递对企业创新能力发展的重要性。

另一方面,个体之间需要建立起一定的联系、熟悉彼此,以利于缄默知识的沟通(Ragna Seidler-de & Evi,2008)。关系网络是交换创新知识的重要来源(Scarbrough,2003)。Cavusgil、Calantone 和 Zhao(2003)通过实证研究表明合作企业之间通过紧密而频繁的互动传递缄默知识,合作双方关系的紧密度是缄默知识传递程度的关键。就产业集群内的企业而言,其易于建立紧密的社会联系,进行社交互动(Harrison,1992),从而促进彼此的信任,推进非正式的和缄默知识的传递(Keeble & Wilkinson,1999)。

由于缄默知识一般在个体层面进行传递,且需要紧密而频繁的互动,因此,当企业获取缄默性较高的外部技术知识时,倾向于首先确认拥有相关知识的个体,然后与之建立起长期、频繁的社会联系,增加其传递知识的意愿,同时在此互动过程中获取和吸收缄默知识,以确保知识传递的顺利进行。

其次，获取缄默性较高的知识需要一个累积的过程，企业需要长期的观察和实践去领会相关的知识，这一过程需要企业对知识源进行深入的关注和追踪。缄默知识通过学习和经验进行积累，通常源自于中学（Reed & DeFillippi, 1990）。由于涉及获取者对于现有行为的改变，缄默知识难于直接传递（Howells, 2002）。在某些情况下，缄默知识只能通过近距离的观察、示范、动手实践（Hamel, 1991）或肢体语言、技能的具体展示（Leonard-Barton & Sensiper, 1998）来传递。相似地，部分学者指出，缄默知识比显性知识传递要更为困难（Nonaka & Takeuchi, 1991），最好通过观察等渠道而非显性媒介进行传递（Nadler, Thompson & van Boven, 2003）。Kogut 和 Zander（1993）强调，由于缄默知识通常具有实验性，因此需要时间去逐渐积累。可见，缄默知识难于沟通和共享，需要特定情境下个体的投入和参与，根植于行动之中（Nonaka, 1994）。为了更为系统和科学地理解某一技术或工艺，需要进行长期的、累积的学习，在这一过程中形成了缄默知识（Senker, 2008）。因此，当获取缄默性较高的知识时，企业在锁定知识源、建立起社交联系之后，会通过观察、沟通、试验逐渐积累，从而完成技术学习的过程。

再次，知识缄默性增加了知识的模糊性，为了克服模糊性，企业需要充分与知识源进行接触，以明确技术研发中投入产出的逻辑关系。知识模糊性指的是对技术或工艺知识中行动和结果、输入和输出、起因和影响之间的逻辑关系缺少理解（Bernard, 2004）。一方面，部分学者基于实证研究指出了缄默性对模糊性的正向作用。Bernard（2004）对美国 147 家跨国企业进行问卷调查，通过结构方程方法进行分析，指出模糊性对知识传递有显著的负向作用，其中缄默性是模糊性的前因变量。Simonin（1999）通过实证研究指出，缄默性通过模糊性影响技术知识传递。另一方面，Reed 和 DeFillippi（1990）从理论层面指出缄默性是模糊性的主要来源，是模仿的主要阻碍。相似地，Lippman 和 Rumelt（1982）认为模糊性是模仿和要素流动的主要阻碍。因此，为了确保知识的有效传递，就要尽量克服这一过程中的模糊性，正如 Crossan 和 Inkpen（1995）所强调的，成功的学习策略要求企业克服与合作者技能相关的模糊性。而模糊性的克服需要企业厘清产品研发和技术创新过程中起因和结果之间的逻辑关系，相应地需要企业充分地与知识源进行沟通和接触，以明确知识输入和知识产出之间的关系。

最后，知识缄默性降低了知识传递的速度，使得企业需要与知识源进行深入的交流与互动。Zander和Kogut（1995）通过实证研究指出，能力可编码化和可传授的程度显著影响它们传递的速度。相似地，Albino、Garavelli和Schiuma（1998）通过对意大利产业集群的案例研究，指出当编码化程度提高时，知识会轻易地在产业集群内的竞争者之间扩散。进一步地，Kogut（1988）指出，合资企业更换市场主要是为了复制难于掌握的经验性知识。Borys和Jemison（1989）认为，缄默性对合作的稳定性产生影响，缄默知识和技能的知识传递协议比正式技术的知识传递协议更容易破裂。知识缄默性较高时，企业获取外部技术知识的速度较为缓慢，从而可以在这一过程中，充分与知识源进行交流互动和接触。

综上所述，本书提出以下假设。

假设1：知识缄默性对深度优先的外部知识获取有显著的正向影响，即知识缄默性越强，企业越倾向于采取深度优先的外部知识获取策略。

2. 缄默性与广度优先的外部知识获取策略

本书认为，知识缄默性从以下三个方面影响企业广度优先的外部知识获取策略。

首先，知识缄默性增加了知识传递的成本。显性知识易于储存、激活、更为稳定，可显著降低知识获取的成本（Prencipe & Tell，2001）。相比而言，技术传递的成本主要来自知识缄默的程度（Kogut & Zander，1993）。缄默性越高，知识传递成本越大。一方面，由于缄默知识难于传递，组织需要花费更多的精力获取缄默知识（Reagans & McEvily，2003）。另一方面，知识传递需要时间，当传递较为困难时，所需花费的时间要更多（Hansen，1999）。Teece（1977）对27个项目进行实证分析，发现技术传递成本占到项目总成本的2%～59%，主要源自对知识进行编码、传授复杂的知识给接收者。当知识传递成本较高时，企业在资源有限的情况下，如果通过多种渠道获取外部知识，将会耗费大量时间和精力，影响产品开发和技术创新的进程。

其次，知识缄默性决定了获取外部知识的有效渠道。知识特征决定技术传递的方式（Kogut & Zander，1993）。缄默知识不能仅通过书面文件进行传递。缄默知识利用蓝图或运营手册表达且难于编码，一般而言，企业可通过以下方式获取外部缄默知识：招募具备相应学习和工作经验的员工，兼并其他企业，进行咨询，与其他企业构建网络（Ragna Seidler-de & Evi，2008）。相似地，Breschi 和 Lissoni（2001b）强调缄默知识主要通过面对面沟通、工作实践、人员流动进行传递。Kogut 和 Zander（2003）指出，技术的缄默性越高，对技术进行编码和教授的难度也越高，企业越可能在内部向子公司传递技术而非对其他组织授予技术许可。Albino、Garavelli 和 Schiuma（1998）指出，产业集群中较为传统的生产过程会产生大量隐性的、非正式的知识，其主要通过面对面沟通的方式进行传递。Pisano、Russo 和 Teece（1988）进一步指出，缄默性是联盟中不稳定和矛盾的来源，对学习造成了一定的困难和阻碍；当某一技术的缄默性较高时，不适合进行模仿或技术许可，紧密的合作如合资或许是学习该公司所掌握的特定研发惯例唯一的方式。可见，尽管企业可通过多种渠道获取外部知识，但当知识缄默性较高时，并非所有渠道都适合获取缄默知识。基于以往知识传递的经验及对所要获取知识的判断，企业会选择合适的渠道进行知识传递，而非在不恰当的外部知识获取渠道上耗费精力。

最后，知识缄默性通常伴随着问题特定性。缄默知识一般与某一特定问题有关（Ragna Seidler-de & Evi，2008），高度情境化且难于编码（Breschi & Lissoni，2001b）。不同于显性知识可以解决企业在研发和生产过程中面临的普遍性问题，当遇到特定的技术问题时，企业往往需要利用缄默知识进行解决。相应地，这些知识通常为特定人员或企业所有，是他们在创新、研发过程中攻克难关、积累经验形成的。因此，企业在获取外部知识时，倾向于依据问题的缄默性和特定性进行判断，选择适合的知识来源，以确保获取的知识可以解决特定的问题。

综上所述，本书提出以下假设。

假设2：知识缄默性对广度优先的外部知识获取有显著的负向影响，即知识缄默性越强，企业越少采取广度优先的外部知识获取策略。

二、异质性与技术学习策略

企业的能力和知识基础是异质的（Dosi，1997）。资源观（Barney，1991）

指出，知识异质性是企业竞争优势的重要来源。获取异质的知识可提高企业的创造力（Amabile，1996）。相似地，Lapré 和 van Wassenhove（2001）认为，由具有不同背景的成员组成的异质群体与同质群体相比更有创造力。进一步地，Song、Almeida 和 Wu（2003）指出，当受聘工程师的技术技能与聘请企业的知识很不相同时，新知识更加易于被创造。

在本书中，知识异质性指的是产业集群内企业与其他企业之间在产品、工艺、设备上的差异性。这一定义主要借鉴了 Carlile（2004）对于知识差异性的界定，其认为差异性指的是知识数量或种类上的差异。

1. 异质性与深度优先的外部知识获取策略

本书认为，知识异质性从以下三个方面影响企业深度优先的外部知识获取策略。

首先，知识异质性减少了知识传递双方的共同知识。当知识接收者与知识源之间拥有共同知识时，知识将会更易于传递（Reagans & McEvily，2003）。相反地，合作者之间知识基础和技能的显著差异阻碍学习（Crossan & Inkpen，1995）。Hamel（1991）认为，合作者之间的技能差距过大时，学习基本不可能发生。Grant（1996）从个体层面对此进行了描述，他认为如果两个人拥有一样的知识，知识整合将不会有收益；如果两个人的知识基础完全不同，知识整合则基本无法发生。因此，当知识异质性较高时，知识传递双方的共同知识随之减少，知识传递很难发生。此时企业倾向于选择拥有一定共同知识基础和技能的对象进行知识获取。特别是在产业集群的情境下，某一地理区域聚集了相关行业的不同企业，如果与周围企业的知识差异较大，企业会选择有限的对象进行技术学习，相应地，也会深入利用这一过程中建立起来的知识联系。

其次，知识异质性减少了知识传递双方的前期经验。对于信息搜寻者而言，相关知识基础的先期经验决定了对于信息内容和情境的熟悉度及舒适度，从而有利于知识传递（Simonin，1999）。Zander 和 Kogut（1995）指出，对某一技术积累的经验是理解新技术的关键要素。相似地，如果获取的知识与某已知事物相关，企业学习的绩效会得以提高（Cohen & Levinthal，1990）。与之相反，Teece（1977）认为，知识接收企业对相似的技术具有一定的经验，传递效率是该经验的函数,企业对技术越不熟悉,传递过程进行得越久。进一步地,Daft 和 Lengel(1986)指出,知识传递的成功在一定程度上受知识的模糊性影响,而模糊性与参与知识传递过程主体的思想状况有关,如果主体所处的情境相似且拥有共同的文化背景、认知路径及技术知识,那么模糊性将大为降低。当知识异质性较高时,知识传递双方的前期经验随之减少,知识传递遇到困难。相应地,企业倾向于选择具有前期经验的对象进行知识获取,以提高技术学习的效率。

最后,知识异质性减少了知识传递过程中的互惠性。知识交换遵循一些结构化的行为规则,这些规则由企业吸收能力的相对值决定(Giuliani & Bell,2005)。当企业具备相似的吸收能力时,知识交换更有可能建立在互惠的基础上进行(Coleman,1994),互惠性(reciprocity)是指导信息交换的基本准则之一(Schrader,1991)。当知识异质性较高时,知识传递双方的吸收能力差距或者各自的技术领域差异较大,互惠性准则无法有效指导知识的获取。因此,企业倾向于有针对性地选择知识源以体现互惠性原则建立长期的知识联系。

综上所述,本书提出以下假设。

假设 3:知识异质性对深度优先的外部知识获取有显著的正向影响,即知识异质性越高,企业越倾向于采取深度优先的外部知识获取策略。

2. 异质性与广度优先的外部知识获取策略

本书认为,知识异质性从以下两个方面影响企业广度优先的外部知识获取策略。

首先,知识异质性增加了知识传递双方知识基础的差距。Nelson 和 Winter(1982)指出,产业集群内的企业具备异质的和不对称的知识基础,其中知识基础指的是创造者在寻求创新方案时吸取的信息、知识及能力(Dosi,1988)。企业与其他企业建立知识联系的可能性与它们知识基础相似性或不相似性的程度有关(Lane & Lubatkin,1998)。进一步地,Giuliani 和 Bell(2005)指出,在集群内外知识系统交互的过程中,不同的企业可能扮演不同的角色。具体而言,一方面,具备先进知识基础的企业在产业集群内扮演技术守门人的角色,知识基础较为薄弱的企业通常向这些企业寻求技术建议和知识(Giuliani & Bell,

2005)。相比之下，领先企业则较少向知识基础薄弱的企业寻求有用的知识（Schrader，1991）。另一方面，当企业明确自身有能力解码和应用获取的知识时，它们才有更大的动力去寻求技术建议（Carter，1989）。有些企业的知识基础很低，以至于其既不能提供有价值的知识给其他企业，也无法获取和利用其他企业拥有的知识，此类企业在集群知识系统中处于一种隔离的状态（Giuliani & Bell，2005）。此外，产业集群内具备较高吸收能力的企业更有可能与集群外的企业建立知识联系，因为吸收能力较高的企业比吸收能力较低的企业认知上更接近集群外知识来源，也就是说，两者的认知距离更为接近（Cohen & Levinthal，1990；Giuliani & Bell，2005）。可见，当知识异质性较高时，企业之间知识基础的差距也较大，知识基础较为薄弱的企业倾向于向技术领先者寻求技术知识和建议，技术领先者则倾向于与知识基础类似的企业建立知识联系。在此情况下，知识的获取并非采取广泛进行的方式，而是有针对性地进行。

其次，知识异质性增加了知识获取的成本。Teece（1977）指出，知识传递成本的主要决定因素是知识传递的先期经验、技术的年限、使用相似技术的企业。可见，知识获取需要花费时间和资源，而获取不同的知识则需要花费较大的成本（Carlile，2002）。主体之间不同专业领域的知识数量和/或类型的差异增加时，分享和获取彼此知识的努力也需随之增加（Carlile，2004）。由于构建网络是一个消耗时间和成本的过程，集群内企业在寻求非正式的技术建议时会有意锁定和选择最有可能提供问题解决方案的企业（Schrader，1991），正如Castells（2000）所强调的，创新的扩散并非是无组织的知识流动。因此，为了充分利用有限的资源和精力去获取外部知识，企业会有针对性地选取合适的对象学习。

综上所述，本书提出以下假设。

假设4：知识异质性对广度优先的外部知识获取有显著的负向影响，即知识异质性越高，企业越少采取广度优先的外部知识获取策略。

第三节 网络中心性的调节作用

集群企业在知识网络中的位置中心性有较大差异（Giuliani & Bell，2005）。这是因为：①就微观层面而言，企业认知能力的差异扮演了关键的角色（Gulati, 1999)。例如，具备尖端技术的企业通常位于联盟网络的核心位置（Gay & Dousset, 2005）。②就中观层面而言，不同形式的临近性如地理临近和社交临近是企业之间建立联系的原因之一（Boschma, 2005）。

网络中心性衡量了网络成员在网络联系中参与的程度，其与资源的获取和控制有关（Wasserman & Faust, 1994），同时也与创新信息的获取和控制有关（von Hippel, 1988）。

一、网络中心性对缄默性与深度优先的外部知识获取策略关系的调节作用

本书认为，网络中心性从以下三个方面影响知识缄默性与深度优先的外部知识获取策略之间的关系。

首先，网络中心性有助于企业之间的非正式联系。当企业获取缄默性较高的外部技术知识时，倾向于首先确认拥有相关知识的个体，然后与之建立起长期、频繁的社会联系，在此互动过程中获取和吸收缄默知识，以确保知识传递的顺利进行。当集群企业在企业间网络中心性较高时，一方面，处于中心位置的企业可以更好地定位拥有缄默知识的企业及个体。中心成员广泛地参与网络活动（Burt, 1980），与其他企业相比，它们较少错过有价值的信息，同时可以更快地接触进行创新的新创企业（Powell, Koput & Smith-Doerr, 1996）。另一方面，处于中心位置的企业更有可能与知识源建立联系。中心企业可以接触到重要而新颖的信息，同时拥有更高的地位和权利，这增加了它们讨价还价的能力（Burt, 2004；Gnyawali & Madhavan, 2001）。与中心性较低企业相比，网络中心性较高的企业可以更快地得知网络中发生了什么，这增加了中心企业建立新联盟的可能性（Gnyawali & Madhavan, 2001）。进一步地，Bell（2005）指出，企业及其管理者一般参与两个不同的网络：以非正式联结为主的管理网络和以正式联结为主的制度性网络。管理网络促进了信息的流动，特别是企业之间缄默信息的流动（Uzzi, 1996），在该网络中处于中心位置可使管理者及其企业获取更丰富的与创新相关的缄默知识；制度性网络则提供行业相关信息，例如，如果贸易协会批准了某成员的新产品，为该协会服务的企业则可较早了解竞争者动态。可见，网络中心性有助于企业对缄默知识来源的定位，以及企

业之间或个体层面知识联系的建立，进一步地促进了企业对缄默知识获取渠道的充分利用。

其次，网络中心性有利于企业选择需要的互动模式、互动时间及媒介。企业一般通过特定的渠道获取缄默知识。网络中心性主要基于互动模式和资源交换，代表了个体满足管理和技术创新要求的能力（Ibarra，1993a）。当企业在产业集群的企业间网络中处于中心性较高的位置时，其可更便利地选择需要的互动模式、互动时间及媒介。一方面，网络中心性使企业拥有更高的话语权和声望，并可接触到外部有价值的信息来源（Astley & Sachdeva，1984）。另一方面，与中心性较低的企业相比，它们可以从合作伙伴那里获取更多的利益（Gilsing，Nooteboom，Vanhaverbeke et al.，2008）。相似地，在业务单位的非正式建议和友谊网络中，占据中心位置的个体可获得更大的利益，包括影响力、信息渠道、正面的绩效评价、加薪（Baldwin，Bedell & Johnson，1997）。

最后，网络中心性有助于提升知识获取企业与知识源之间的互惠性。互惠性是指导知识传递的有效准则。网络中心性可提高企业的资源及能力，在社会网络中占据中心位置可以为企业提供资源优势（Cook & Emerson，1978）以及绩效改进优势（Mehra，Kilduff & Brass，2001）。相似地，Ibarra（1993b）指出，网络中心性更高的企业在地位等级中占据更高的位置，同时可获取更多有价值的资源。进一步地，Tsai（2000）指出，由于其潜在的频繁沟通活动，处于中心位置的业务单位可以处理复杂的单位间联系，对其他业务单位而言更有可能成为一个有吸引力的合作伙伴。可见，网络中心性可提高知识获取企业与知识源企业之间在知识传递过程中的互惠性。

综上所述，本书提出网络中心性对知识缄默性和深度优先的外部知识获取策略关系调节作用的相关假设。

假设5：网络中心性越高，知识缄默性对深度优先的外部知识获取的正向效应越显著。

二、网络中心性对缄默性与广度优先的外部知识获取策略关系的调节作用

本书认为，网络中心性从以下两个方面影响知识缄默性与广度优先的外部

知识获取策略之间的关系。

一方面，网络中心性有利于企业扩大搜索范围。首先，在产业集群企业间网络处于中心位置的企业可与不同群体联系，接触到不同的思维方式，并进行新的创造（Burt，2004）。Gnyawali 和 Madhavan（2001）也指出，中心企业可以建立很多非冗余的联系，从而以更快的速度获得更多信息。其次，中心性高的企业可更快地与其他企业建立联系，它们拥有优先的渠道通往关键资源，更可能利用已有的联系更快地接触其他企业（Tsai，2000），从而提高搜索效率。最后，中心企业可以更好地评估信息的真实性（Burt，1987）并获取关键信息。信息源可能会对提供的信息有所保留，企业在网络中的参与程度越大，其越有可能比较出自不同来源的信息、评估其真实性；具有多个信息来源的企业较少会错过关键信息，因为多种信息来源可保证信息的数量及新颖性（van de Ven，1986）。

另一方面，网络中心性可提高知识传递的成本效率。知识缄默性增加了知识传递的成本，当知识传递成本较高时，企业在资源有限的情况下，如果通过多种渠道获取外部知识，将会耗费大量时间和精力，影响产品开发和技术创新的进程。然而，正如 Tsai（2001）所强调的，业务单位之间的网络联系可使它们获取各自的新知识，从而通过组织内部最佳实践的扩散提高它们的成本效率。相似地，当中心性较高时，产业集群内的企业可更迅速和便捷地获取当地有关产品和工艺的最佳实践，减少知识传递的成本，从而降低企业实施广度优先的外部知识获取策略的成本压力。具体而言，网络中心性则使得管理者可以控制如何以及与谁沟通（Brass，1984），例如，中心性更高的管理者可以与组织中个体建立起更加直接的关系（Pappas & Wooldridge，2007）。Coleman（1994）指出，业务单位的网络位置是其社会结构的重要方面，可提高其创造新价值和完成经济目标的能力。可见，网络中心性通过促进企业构建网络的进程降低知识获取的成本和所需的努力。

综上所述，本书提出网络中心性对知识缄默性和广度优先的外部知识获取策略关系调节作用的相关假设。

假设 6：网络中心性越高，知识缄默性对广度优先的外部知识获取的负向效应越不显著。

第四节 本章小结

本章针对本书的第一个研究问题"知识属性如何影响企业的技术学习策略？网络属性如何在知识属性与企业的技术学习策略之间起调制作用？"进行了模型构建，并提出相关研究假设。具体而言，本书选择缄默性、异质性作为关注的知识属性变量，选择深度优先的外部知识获取和广度优先的外部知识获取作为关注的技术学习策略，选择网络中心性作为关注的网络属性变量。通过对现有研究系统的梳理和归纳，本章形成了知识属性对企业技术学习策略作用机制的六个研究假设（表3-1）。

表3-1 知识属性对企业技术学习策略影响机制的研究假设

假设序号	假设具体描述
假设1	缄默性对深度优先的外部知识获取有显著的正向影响
假设2	缄默性对广度优先的外部知识获取有显著的负向影响
假设3	异质性对深度优先的外部知识获取有显著的正向影响
假设4	异质性对广度优先的外部知识获取有显著的负向影响
假设5	网络中心性越高，缄默性对深度优先的外部知识获取的正向效应越显著
假设6	网络中心性越高，缄默性对广度优先的外部知识获取的负向效应越不显著

第四章
知识属性对技术学习策略作用机制的实证研究

本书第三章基于相关理论，提出了知识属性对技术学习策略作用机制的概念模型与研究假设。在此基础上，本章将通过大样本问卷调查收集数据，利用科学的实证研究方法对假设进行验证。具体而言，本章将对实证研究涉及的问卷设计、变量测度、数据收集、分析方法及过程进行详细说明。

第一节 研究方法论

一、问卷设计

通过设计合理的问卷才能获得有效的数据，本研究主要遵循 Churchill Jr.（1979），Dunn、Seaker 和 Waller（1994）的建议，以及国内学者彭新敏（2009）、郑素丽（2008）的做法，通过以下三个步骤进行问卷设计。

(1) 在文献阅读及对企业界访谈的基础上设计问卷初稿。笔者阅读了技术学习、知识属性等领域相关文献 100 余篇，结合前期企业访谈中的总结与经验，借鉴其中成熟的、适合中国情境的量表，对变量题项进行设计。

(2) 在与学术界专家交流和讨论的基础上对问卷进行修改。在问卷初稿形成之后，笔者与导师针对问卷进行了多次讨论和多轮修改，对题项的措辞与设置进行调整。同时，笔者也向在国外的两位教授、宁波万里学院的副教授、中国计量学院的讲师，以及所在研究团队的博士生寻求修改建议，多次删减和调整后形成第二稿问卷。

(3)预测试与问卷题项的纯化。笔者通过以往在企业界有过经历的同学小范围发放问卷进行预测试,进行初步的检验分析,对于漏填的题项分析原因,进行调整,最终形成了问卷终稿。

本书的调查问卷主要基于Likert七点量表进行测度,被试的回答具备一定的主观因素,可能导致应答偏差。Fowler(2009)将导致应答偏差的原因总结为四类。笔者借鉴国内学者陈琦(2010)、彭新敏(2009)、郑素丽(2008)、应洪斌(2011)的做法,从设计题项、选择被试、问卷说明几个方面采取应对措施,以尽量减少应答偏差。

(1)为了防止被试无法理解题项,笔者在设计问卷的过程中广泛听取本领域中学者与博士生的意见,在形成问卷初稿之后对问卷进行了预测试,在此基础上进一步调整问卷题项的措辞与表达,以求被试能够充分理解题项。

(2)为了防止发生被试不清楚如何回答题项的情况,本研究选择了在该企业工作一年以上并且对企业整体情况比较了解的人员填写问卷,此外还在问卷开头标明请被试遇到不清楚问题时向所在企业的相关人员咨询。

(3)为了避免被试暂时回忆不起相关信息,本研究所有题项均针对企业现阶段情况或是近三年的整体状况进行提问。

(4)为了防止出现被试知道答案但不愿回答的情况,本研究在卷首明确指出了本问卷仅为学术研究目的设计。

二、变量测度

本研究的变量测度主要参考国内外相关研究中成熟的题项,部分由笔者根据权威文献整理而成,本部分将对本研究涉及的被解释变量、解释变量、调节变量、控制变量所采用的测度进行具体说明。

1. 被解释变量

在知识属性对技术学习策略作用机制的研究中,被解释变量为深度优先的外部知识获取策略以及广度优先的外部知识获取策略。对上述被解释变量的测度本研究主要借鉴以往学者对于技术学习深度、技术学习广度的度量方法。

Laursen和Salter(2006)在研究中详细说明了对于外部搜索广度和深度的

测度，他们总结了 16 种企业外部知识来源，通过英国创新调查收集关于企业外部知识来源使用情况的数据，具体包括市场类（原材料、设备、零部件及软件供应商、用户、竞争者、顾问、研发企业）、机构类（高校、政府研究组织、其他公共部门、私有研究机构）、其他类（技术性会议、贸易协会、技术出版物及数据库、博览会）、专业类（技术标准、健康安全标准和制度、环境标准和制度）。在调查中，被试对上述外部知识来源在 0-1-2-3 量表上针对使用程度打分，0、1、2、3 分别代表未使用、使用程度低、使用程度中等、使用程度高。就外部搜索广度而言，把每种知识来源设置为二进制变量，知识来源得分为 0 时将其编码为 0，知识来源得分为 1，2，3 时将其编码为 1，将每种知识来源上的得分累计相加，即为外部知识搜索广度；就外部搜索深度而言，当知识来源得分为 3 时将其编码为 1，当知识来源得分为 0，1，2 时将其编码为 0，将每种知识来源上的得分累计相加，即为外部搜索深度。

相似地，Keupp 和 Gassmann（2009）借鉴了 Laursen 和 Salter（2006）的做法，确定了 13 种外部知识来源，在此基础上对开放式创新的广度与深度进行测度。Leiponen 和 Helfat（2010）对知识来源的广度进行测度，他们列举了创新活动的 12 种信息来源，包括自身企业、商团、竞争者、顾客、咨询公司、供应商、高校、公共或私营非营利研发组织、专利、会议及出版物、数据库、商会，请被试在 0-1-2-3 量表上在针对上述知识来源在创新活动中的重要性打分，其中 0 代表不重要，3 代表非常重要。对每种知识来源赋予一个二进制变量，重要性得分为 2 或 3 时二进制变量为 1，重要性得分为 0 或 1 时二进制变量为 0。在此基础上，将 12 种知识来源的二进制变量得分累计相加，即为知识来源的广度。

基于以上研究，本书首先确定了 17 种技术学习渠道（表 4-1），该 17 种技术学习渠道覆盖了产业集群企业内部与外部、水平与垂直维度上正式与非正式的技术联系；请被试根据企业实际情况（过去 3 年），基于 Likert 七点量表对这 17 种技术知识获取渠道在企业技术或产品开发中的使用频度进行评价。

表 4-1 变量测度——技术知识获取渠道

技术知识获取渠道	来源或依据
[1] 与集群内其他企业员工的交流和接触 [2] 与集群外其他企业员工的交流和接触	Breschi & Malerba, 2001; Harabi, 1997;

续表

技术知识获取渠道	来源或依据
[3] 雇佣来自集群内其他同行企业的员工 [4] 雇佣来自集群外其他同行企业的员工	Almeida & Kogut, 1999; Argote & Ingram, 2000; Breschi & Malerba, 2001; Casper, 2007; Dahl, 2002; Power & Lundmark, 2004; Saxenian, 1996; Song, Almeida & Wu, 2003;
[5] 模仿来自集群内已有的或竞争对手的产品及技术 [6] 模仿来自集群外已有的或竞争对手的产品及技术	Levin, Klevorick, Nelson et al., 1987; Napolitano, 1991
[7] 大客户（或上游厂商）提供的技术指导与培训 [8] 在解决关键客户或特殊用户的技术需求和技术问题过程中获得的想法、反馈和技术经验 [9] 与原材料及零部件供应商员工接触获得的想法和技术 [10] 与设备供应商员工接触所获得的想法和技术	von Hippel, 1988; Bell & Albu, 1999; Nadvi, 1996; Capello, 1999; Sandee, 1995; Saxenian, 1991
[11] 与大学及研究机构的合作开发 [12] 与集群内同行企业的合作开发 [13] 与集群外同行企业的合作开发	Jaffe, 1989; Lawson, 1999; Antonelli, 2000; Yamawaki, 2002
[14] 商会或行业协会提供的技术信息与培训	Laursen & Salter, 2006
[15] 通过技术许可获得的技术与知识	Harabi, 1997
[16] 通过专利公告披露的信息获取的技术知识 [17] 来自技术出版物及技术性会议的技术知识	Appleyard, 1996; Harabi, 1997

就深度优先的外部知识获取而言，本研究对这 17 种技术知识获取渠道的得分求均值，以均值度量深度优先的外部知识获取。

就广度优先的外部知识获取而言，本研究在 17 种技术知识获取渠道得分的基础上计算熵值（Entropy Index），以熵值度量广度优先的外部知识获取。熵值一般应用于测度企业多元化经营程度（Jacquemin & Berry, 1979），具体而言，熵值计算公式为

$$\text{DT} = \sum_{i=1}^{n} P_i \ln\left(\frac{1}{P_i}\right), \sum_{i=1}^{n} P_i = 1, i = 1, 2, 3, \cdots, n \tag{4.1}$$

由于熵值可以更为精确地反映出多元化程度，因此，不同于以往的研究（Keupp & Gassmann, 2009; Laursen & Salter, 2006），本书采取熵值刻画广度优先的外部知识获取。在本研究中，P_i 代表第 i 种技术知识获取渠道得分占 17 种技术知识获取渠道得分之和的比例。

2. 解释变量

（1）缄默性

缄默性是知识属性的一个重要概念，以往文献从不同角度对缄默性进行了

测度。

Simonin（1999）基于 Likert 七点量表，采用以下两个题项测度缄默性："合作者的技术或工艺诀窍易于以蓝图、说明书、公式等形式表达""合作者的技术或工艺诀窍易于表达"。相似地，Bierly III、Damanpour 和 Santoro（2009）也采用上述两个题项测度知识缄默性。进一步地，McEvily 和 Chakravarthy（2002）基于 Likert 七点量表，采用四个题项测度知识缄默性："我们可以预测如何通过不同的成分改进产品性能""我们可以预测产品性能改进中特定成分的使用数量""我们可以预测为什么使用一定的成分组合导致产品性能的特定特征""我们可以预测为什么使用一定数量的成分导致产品性能的特定特征"。Zander 和 Kogut（1995）基于 Likert 七点量表，采用以下四个题项测度感知可编码性："我们的生产工艺可以纪录在手册上""我们的生产控制大多通过标准化的软件完成，这些软件根据我们的需求进行了调整""我们的生产控制大多通过软件完成，这些软件是根据我们的需求定制而成的""我们生产工艺的关键部分纪录在很多文档上"。

国内学者尹秋霞（2007）基于 Likert 七点量表，采用以下五个题项测度知识缄默程度："容易通过学习产品说明等书面方式来理解知识""容易通过与具有丰富经验的相关人员或专家进行交谈来理解知识""需要长期的实践经验获得或理解知识""需要长期向对方学习才能获得或理解知识"、"需要多次与对方沟通才能理解知识"。

基于上述文献，本书具体采用四个题项对知识缄默性进行测度，并采用 Likert 七点量表对题项进行度量，具体测度如表 4-2 所示。

表 4-2 变量测度——知识缄默性

测度题项	来源或依据
容易通过产品说明、设计图纸、技术手册、公式等书面方式来获取知识	Bierly III, Damanpour & Santoro, 2009；McEvily & Chakravarthy, 2002；Simonin, 1999；Zander & Kogut, 1995；尹秋霞，2007
容易通过与具有丰富经验的相关人员或专家进行交谈来获取知识	
在产品开发中，我们的技术开发人员对于经验是非常依赖的	
企业的生产流程有许多成文的手册、规程来指导操作和维护	

（2）异质性

现有研究中关于知识异质性的测度较少。较为典型的为 Rodan 和 Galunic（2004）对于异质性的测度，他们通过网络成员之间知识联系的距离矩阵，利用数学公式计算知识异质性。尽管大多数研究认为知识异质性指的是管理者通过自身网络获取知识、诀窍和经验的多样性（Rodan & Galunic, 2004），本研究关注的则是产业集群内不同企业之间知识的差异性。通过前期的企业访谈，本研究认为产业集群内不同企业之间知识的差异性主要体现在三个方面：产品、生产设备、工艺流程。基于这一基本思想，本研究设计了三个题项测度知识异质性，采用 Likert 七点量表对题项进行度量，具体题项如表 4-3 所示。

表 4-3　变量测度——知识异质性

测度题项	来源或依据
与产业集群内其他企业相比，我们与他们在产品上没有太大的差异	Giuliani & Bell, 2005；Rodan & Galunic, 2004
与产业集群内其他企业相比，我们与他们使用的生产设备没有太大的差异	
与产业集群内其他企业相比，我们与他们在生产流程和工艺上没有太大差异	

3. 调节变量

在知识属性对技术学习策略作用机制的研究中，调节变量为网络中心性。

以往研究对于网络中心性的测度大多基于关系矩阵进行度量。Tsai（2001）基于业务单位间交互程度的关系矩阵，计算各个业务单位的点入度中心性（in-degree centrality）。相似地，Pappas 和 Wooldridge（2007）列出企业内部所有的中层管理者名单，请被试选择经常沟通的对象，从而建立起关系矩阵，并依据关系矩阵计算网络中心性。Giuliani（2007）列举出产业集群内其他企业的名单，请被试回答创新相关知识的转移情况，主要包括"当需要技术建议时，本企业会向哪家企业寻求帮助""本企业从哪家企业获得过技术支持并因此受益"两个问题，并依此建立起关系矩阵，计算网络中心性。进一步地，Klein、Lim、Saltz 等（2004）列出团队内部的所有成员，让被试回答"你是否向此人寻求工作建议""此人是否为你的好朋友，在空闲时间你们会进行交际""你与此人是否关系不太好"三个问题，分别针对这三个问题累计求和，计算焦点人物的建议中心性（advice centrality）、友谊中心性（friendship centrality）、敌对中心性（adversarial centrality）。

国内学者彭新敏（2009）采用 Likert 七点量表打分法，设置了四个题项对位置中心度进行测度："业务联系更多是通过我们公司进行的""我们公司较多利用网络中的新知识解决工作中出现的新问题""公司建立的网络拥有更为丰富的知识""公司拥有稳定的网络联系"。王晓娟（2007）基于 Likert 七点量表，采用以下五个题项测度网络中心度："很多企业对我们企业的技术能力和产品专利都比较了解""其他企业易于与我们企业建立交流经验或技术的联系""很多企业通过我们企业交流技术或经验""本地企业通常希望我们提供技术支持和建议""我们通常希望从本地企业获得技术支持和建议"。

基于上述文献，本研究主要借鉴王晓娟（2007）的研究，采用 Likert 七点量表打分法，设置了四个题项对网络中心性进行测度，如表 4-4 所示。

表 4-4 变量测度——网络中心性

测度题项	来源或依据
当需要技术建议或技术支持时，本地企业经常向我们寻求帮助	Giuliani, 2007; Klein, Lim, Saltz et al., 2004; Pappas & Wooldridge, 2007; Tsai, 2001; 彭新敏, 2009; 王晓娟, 2007
大多数企业对我们企业的技术水平和产品专利都比较了解	
本地企业容易与我们建立联系进行技术或经验交流	
本地企业经常通过我们企业交流技术或经验	

4. 控制变量

如第二章所归纳的，企业技术学习的影响因素包括网络属性、企业特征、知识属性等。本书主要考虑的企业技术学习策略影响因素为知识属性，同时也应控制对企业技术学习产生显著影响的因素。本书考虑的控制变量包括企业规模、年龄、行业类型。

企业规模是影响企业技术学习策略的潜在因素之一。企业规模不同，它们在产业集群内知识网络中扮演的角色不同（Giuliani & Bell, 2005），相应地，所采取的技术学习策略也不同（Guo B & Guo J, 2011）。部分研究利用企业销售额的自然对数值来测度企业规模（Grimpe & Sofka, 2009；许冠南, 2008；郑素丽, 2008）。部分研究则根据企业员工总数的自然对数值测度企业规模

(Laursen & Salter, 2006; Leiponen & Helfat, 2010; 刘雪锋, 2007; 彭新敏, 2009)。进一步地, Tsai (2001) 根据销售额和员工总数的自然对数值测度企业规模。基于上述研究, 本书采用企业员工总数的自然对数值测度企业规模 (Laursen & Salter, 2006; Leiponen & Helfat, 2010; 刘雪锋, 2007; 彭新敏, 2009)。

企业年龄是影响技术学习策略的另一因素。成立时间较长的企业通常已建立起一定的知识基础 (Dosi, 1997), 相应地会对技术学习策略产生一定影响。大多数研究均采用企业自成立至问卷发放年份所经历的年数对年龄进行测度 (许冠南, 2008; 应洪斌, 2011; 郑素丽, 2009)。在本研究中, 年龄为企业自成立至2010年所经历的年数。

行业类型也会对企业的技术学习策略产生影响。一般而言, 知识密集型企业需要进行更多的研发活动, 以提高技术能力, 应对市场的竞争。相对而言, 非知识密集型企业更多地依靠其他渠道获取知识, 如模仿、非正式沟通 (Breschi & Lissoni, 2001a) 等。借鉴刘雪锋 (2007)、彭新敏 (2009)、应洪斌 (2011) 的做法, 本研究将行业类型设置为虚拟变量。具体而言, 根据2009年科技统计年鉴, 计算出制造业各行业研发投入占主营业务收入比重的均值为0.81%。本研究将研发投入占主营业务收入比重低于0.81%的行业视为非知识密集型行业; 包括纺织业, 纺织服装、鞋、帽制造业, 皮革、毛皮、羽毛 (绒) 及其制品业, 塑料制品业, 工艺品及其他制造业, 农副食品加工业; 当企业属于这些行业时, 将行业类型赋值为0。将研发投入占主营业务收入比重高于0.81%的行业视为知识密集型行业; 包括医药制造业, 通用设备制造业, 交通运输设备制造业, 电气机械及器材制造业; 当企业属于这些行业时, 将行业类型赋值为1。

三、数据收集

本书的研究对象为制造业产业集群内的企业, 笔者主要通过两种方式控制问卷的发放和回收, 以使回收的问卷符合研究对象为制造业产业集群内企业的要求。首先, 在问卷发放之前, 笔者根据中国社会科学联合研究中心公布的"2009第三届中国百佳产业集群"名单, 确定可发放问卷的区域和行业范围, 譬如海宁皮革产业集群、绍兴纺织产业集群、无锡光伏太阳能产业集群等。其次，在问卷回收之后，笔者根据问卷基本信息一栏中企业所在地和企业主导业务所在行业来筛选，如果所在地和行业存在产业集群，则该问卷为有效，否则视为无效问卷。

本研究合计发放问卷 498 份，共回收问卷 298 份，经筛选后有效问卷为 231 份。问卷发放主要通过以下六种方式进行（表 4-5）。第一种方式是通过 MBA 课堂发放，请 MBA 学员在课堂上现场填写，共发放问卷 65 份，回收 49 份，其中有效问卷 33 份，问卷有效率为 67.3%。第二种方式为委托政府机构发放，共发放问卷 71 份，回收 55 份，其中有效问卷 47 份，有效率为 85.5%。第三种方式为委托企业研究机构发放，共发放问卷 100 份，回收 65 份，其中有效问卷 56 份，有效率为 86.2%。第四种方式为委托朋友个人发放，共发放问卷 120 份，回收 72 份，其中有效问卷 61 份，有效率为 84.7%。第五种方式为委托培训机构发放，共发放问卷 52 份，回收 34 份，其中有效问卷 19 份，有效率为 55.9%。第六种方式为通过电子邮件发放，电子邮件主要来源于笔者以往参与的企业访谈及课题，这种方式共发放问卷 60 份，回收 23 份，其中有效问卷 15 份，有效率为 65.2%。

表 4-5 问卷发放与回收情况

问卷发放与回收方式	发放数量/个	回收数量/个	回收率/%	有效数量/个	有效率/%
MBA 课堂发放	65	49	75.4	33	67.3
委托政府机构	71	55	77.5	47	85.5
委托企业研究机构	100	65	65.0	56	86.2
委托朋友个人	120	72	60.0	61	84.7
委托培训机构	52	34	65.4	19	55.9
电子邮件发放	60	23	38.3	15	65.2
合计	468	298	63.7	231	77.5

注：回收率＝回收数量/发放数量；有效率＝有效数量/回收数量。

本研究的问卷回收率为 63.7%，回收问卷的有效率为 77.5%。本研究进行了回复偏差检验（response bias）。在此本书参照 Mohr 和 Spekman（1994）的研究，将早期回复的企业与晚期回复的企业进行比较，以检验回复偏差。具体而言，本研究将最早收集到的 30% 问卷与最晚收集到的 30% 问卷进行比较，独立样本 t 检验表明，两批样本在员工人数和企业年龄两个基本特征上不存在显著性的差异（表 4-6）。因此，本研究认为问卷不存在回复偏差。

表 4-6　不同批次调查问卷基本特征的独立样本 t 检验

基本特征	假定	方差齐性检验		均值 t 检验		
		f 值	显著性	均值差异	t 值	显著性
员工人数	方差齐性假定	1.027	0.313	10.96	0.321	0.749
	非方差齐性假定			10.96	0.321	0.749
企业年龄	方差齐性假定	3.047	0.083	1.35	0.652	0.516
	非方差齐性假定			1.35	0.652	0.516

四、分析方法

1. 描述性统计分析

描述性统计分析主要针对样本企业的基本特征进行分析，具体包括企业的销售额、员工人数、产权性质、所在行业、年龄，总结样本在上述特征的均值和百分比（郑素丽，2008）。

2. 信度和效度检验

本研究主要针对变量题项的内部一致性（李怀祖，2004）进行信度检验，具体通过克龙巴赫 α 系数进行判断。

本研究主要通过验证性因子分析对构思效度进行检验（Peng, Schroeder & Shah, 2008）。在验证性因子分析中，主要基于绝对拟合指数和相对拟合指数进行判断，包括 χ^2/df、RMSEA、CFI、TLI、IFI。其中，χ^2/df 应在 2.0 到 5.0 之间，RMSEA 小于 0.1，CFI、TLI、IFI 大于 0.9，接近于 1，依据上述指标综合判断，可知模型是否拟合较好，验证性因子分析是否通过（侯杰泰，温忠麟和成子娟，2004）。

3. 相关分析

本研究通过 Pearson 相关分析考察缄默性、异质性、深度优先的外部知识获取、广度优先的外部知识获取、网络中心性，以及控制变量的相关系数矩阵，以此作为多元线性回归分析的基础。

4. 多元线性回归分析

本研究主要利用层次回归分析方法检验缄默性、异质性与深度优先的外部知识获取策略和广度优先的外部知识获取策略之间的关系，以及网络中心性的调节作用。具体而言，本研究重点关注层次回归分析中模型解释力的变化（R^2的变化），以分析不同自变量对因变量的贡献程度（郑素丽，2008）。

第二节　知识属性对技术学习策略作用机制的分析

本章已对拟采用的实证研究方法进行了简要归纳，本节将对样本数据依次进行描述性统计分析、信度和效度检验、相关分析、层次回归分析。

一、描述性统计分析

由表 4-7 可知，在本研究回收的 231 份样本中，就产权性质而言，民营企业占比最大，为 68.8%，符合产业集群企业大多为民营企业的现状；就产业类型而言，样本数据主要来源于纺织业，医药制造业，通用设备制造业，电气机械及器材制造业，通信设备、计算机及其他电子设备制造业等制造业行业；就企业年龄而言，各年龄段包含企业数目相当；就企业员工人数与销售额而言，符合产业集群企业大多为中小企业的现状。

表 4-7　样本数据的描述性统计（$N=231$）

指标	类别	样本数	百分比%	累计百分比%
产权性质	国有	21	9.1	9.1
	民营	159	68.8	77.9
	三资——外资控股	21	9.1	87.0
	三资——内资控股	3	1.3	88.3
	集体	6	2.6	90.9
	其他	21	9.1	100
产业类型	纺织业	75	32.5	32.5
	纺织服装、鞋、帽制造业	6	2.6	35.1
	医药制造业	15	6.5	41.6
	塑料制品业	6	2.6	44.2
	通用设备制造业	18	7.8	51.9
	交通运输设备制造业	12	5.2	57.1
	电气机械及器材制造业	18	7.8	64.9
	工艺品及其他制造业	12	5.2	70.1
	农副食品加工业	3	1.3	71.4

续表

指标	类别	样本数	百分比%	累计百分比%
产业类型	通信设备、计算机及其他电子设备制造业	32	13.9	85.3
	其他	34	14.7	100
企业年龄	10年以下	57	24.7	24.7
	11~15年	54	23.4	48.1
	16~20年	54	23.4	71.5
	21~30年	45	19.4	90.9
	31年以上	21	9.1	100
员工人数	150人以下	63	27.3	27.3
	151~350人	57	24.6	51.9
	351~500人	93	40.3	92.2
	500人以上	18	7.8	100
销售额	500万元以下	71	30.7	30.7
	500万~3000万元	83	35.9	66.6
	3000万~1亿元	45	19.5	86.1
	1亿元以上	32	13.9	100

二、信度和效度检验

在信度和效度检验之前，本研究首先对共同方法偏差进行检验。笔者借鉴Podsakoff和Organ（1986）的做法，通过哈曼单因子检验方法（Harman one-factor method）检验本研究是否存在共同方法偏差。具体做法为将控制变量、自变量、调节变量、因变量涉及的所有量表题项放在一起进行因子分析，结果表明，在未旋转时得到的第一个因子方差解释度为28.335%，未出现单一因子方差解释度过高的情况，因此本研究不存在共同方法偏差问题。以下将对变量测度的信度和效度进一步检验。

1. 调节变量

本研究中需要进行信度和效度检验的调节变量为网络中心性，网络中心性的信度检验结果如表4-8所示，表中第一列所示为测度网络中心性的四个题项。在表4-8中，变量的克龙巴赫α系数值大于0.7。因此，可认为网络中心性的变量测度具备较好的内部一致性，通过信度检验。

表 4-8　信度检验结果——网络中心性（$N=231$）

题项（简写）	均值	标准差	题项-总体相关系数	克龙巴赫 α 系数
网络中心性1：本地企业向我们寻求技术建议	4.40	1.254	0.469	
网络中心性2：本地企业了解我们的技术水平	4.56	1.192	0.622	0.818
网络中心性3：其他企业易于与我们建立技术联系	4.53	1.298	0.679	
网络中心性4：其他企业通过我们进行技术交流	4.55	1.318	0.807	

下面对网络中心性进行验证性因子分析，测量模型与拟合结果如图4-1和表4-9所示。网络中心性的测量模型拟合结果表明，χ^2值为5.4，自由度df为2，χ^2/df的值为2.7，小于5；CFI、TLI、IFI都大于0.9；RMSEA小于0.1；各路径系数均在$p<0.001$的水平上显著。依据上述指标综合进行判断可知，该模型的拟合效果较好，验证性因子分析通过，本书对网络中心性的测度是有效的。

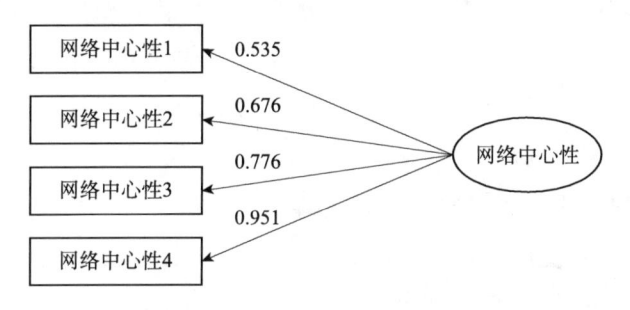

图 4-1　网络中心性的测量模型

表 4-9　网络中心性测量模型的拟合结果（$N=231$）

路径	标准化路径系数	非标准化路径系数	S.E.	C.R.	p
网络中心性1←网络中心性	0.535	1.000			
网络中心性2←网络中心性	0.676	1.202	0.159	7.564	***
网络中心性3←网络中心性	0.776	1.502	0.184	8.161	***
网络中心性4←网络中心性	0.951	1.868	0.222	8.433	***
χ^2	5.4	RMSEA	0.086	IFI	0.991
df	2	CFI	0.991		
χ^2/df	2.7	TLI	0.973		

***表示显著性水平 $p<0.001$。

2. 解释变量

本研究的解释变量为知识缄默性与异质性，知识缄默性与异质性的信度检验结果如表 4-10 所示，表中第一列所示为测度知识缄默性和异质性的题项。在表 4-10 中，两个变量的克龙巴赫 α 系数值均大于 0.7。因此，可认为知识缄默性与知识异质性的变量测度具备较好的内部一致性，通过信度检验。

表 4-10　知识缄默性与异质性的信度检验结果（$N=231$）

题项（简写）	均值	标准差	题项-总体相关系数	Cronbach's α 系数
缄默性1：容易通过书面方式获取知识	4.99	1.203	0.702	0.824
缄默性2：容易通过交谈获取知识	5.26	1.014	0.796	
缄默性3：技术人员对于经验非常依赖	4.91	1.022	0.496	
缄默性4：企业有许多手册指导生产流程	5.38	1.084	0.625	
异质性1：企业之间产品上存在差异	4.34	1.338	0.585	0.848
异质性2：企业之间生产设备上存在差异	4.42	1.244	0.730	
异质性3：企业之间生产流程上存在差异	4.27	1.258	0.853	

下面对知识缄默性与异质性进行验证性因子分析，测量模型与拟合结果如图 4-2 和表 4-11 所示。知识属性的测量模型拟合结果表明，χ^2 值为 42.3，自由度 df 为 13，χ^2/df 的值为 3.254，小于 5；CFI、TLI、IFI 都大于 0.9；RMSEA 小于 0.1；各路径系数均在 $p<0.001$ 的水平上显著。依据上述指标综合进行判断可知，该模型的拟合效果较好，验证性因子分析通过，本书对知识缄默性与异质性的测度是有效的。

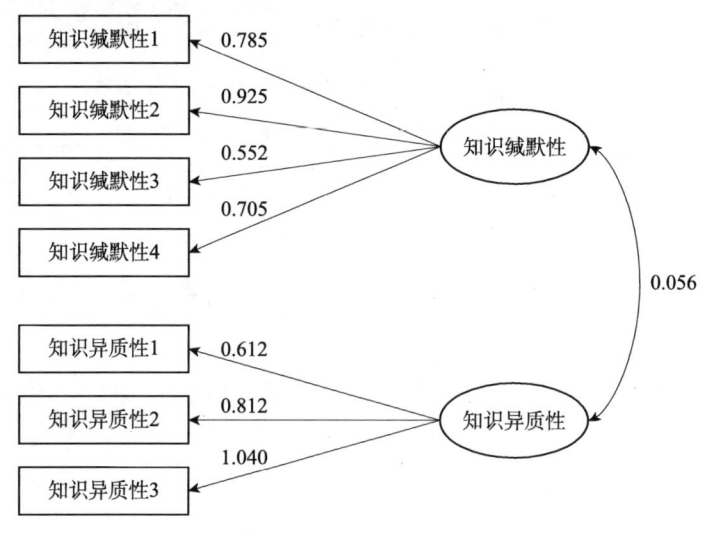

图 4-2　知识属性测量模型

表 4-11　企业知识属性变量测量模型拟合结果（$N=231$）

路径	标准化路径系数	非标准化路径系数	S. E.	C. R.	p
知识缄默性1←知识缄默性	0.785	1.000			
知识缄默性2←知识缄默性	0.925	0.992	0.075	13.263	***
知识缄默性3←知识缄默性	0.552	0.597	0.071	8.352	***
知识缄默性4←知识缄默性	0.705	0.809	0.073	11.047	***
知识异质性1←知识异质性	0.612	1.000			
知识异质性2←知识异质性	0.812	1.234	0.116	10.665	***
知识异质性3←知识异质性	1.040	1.597	0.164	9.764	***
χ^2	42.3	RMSEA	0.099	IFI	0.964
df	13	CFI	0.964		
χ^2/df	3.254	TLI	0.942		

*** 表示显著性水平 $p<0.001$。

三、相关分析

在进行层次回归分析之前，要进行相关分析，以考察不同变量之间的相关关系。如表4-12所示，控制变量行业类型、企业年龄、规模与被解释变量深度优先的外部知识获取策略存在显著的正相关关系；自变量缄默性、异质性与被解释变量深度优先的外部知识获取策略、广度优先的外部知识获取策略之间存在不同的显著相关关系，在一定程度上初步支持了本研究的假设；调节变量网络中心性与自变量缄默性及因变量存在显著相关关系，初步支持了本研究的假设。接下来本研究将针对研究假设通过层次回归分析方法进行更为精确的检验。

四、多元线性回归

1. 多元线性回归三大问题检验

多元线性回归的三大问题包括多重共线性、序列相关及异方差（马庆国，2002），本部分对这三大问题进行检验和说明，以确保多元线性回归方法使用的可行性和科学性。

（1）多重共线性问题检验。方差膨胀因子（VIF）是判断多重共线性问题的常见方法之一（马庆国，2002）。经检验，本研究各回归模型的VIF指数均大于1而小于2，因此可知本研究的解释变量之间不存在多重共线性问题。

表 4-12 描述性统计分析及变量间相关关系（$N=231$）

	变量	均值	标准差	行业类型	企业年龄	企业规模	网络中心性	缄默性	异质性	深度优先的外部知识获取	广度优先的外部知识获取
控制变量	企业年龄	18.299	11.812	0.245**	1	—	—	—	—	—	—
	企业规模	5.517	0.756	0.331**	0.161*	1	—	—	—	—	—
调节变量	网络中心性	4.510	1.019	0.214**	0.082	0.312**	1	—	—	—	—
自变量	缄默性	5.134	0.877	0.374**	0.179**	0.159*	0.310**	1	—	—	—
	异质性	3.658	1.122	0.085	0.022	−0.062	−0.190**	−0.150*	1	—	—
因变量	深度优先的外部知识获取	3.935	0.973	0.320**	0.141*	0.167*	0.614**	0.421**	−0.285**	1	—
	广度优先的外部知识获取	2.785	0.041	−0.111	−0.033	0.046	0.183**	−0.163*	−0.421**	0.458**	1

** 表示显著性水平 $p<0.01$（双尾检验）；* 表示显著性水平 $p<0.05$（双尾检验）。

(2) 异方差问题检验。通常基于散点图对异方差问题进行判断（马庆国，2002）。经检验，本研究各模型的散点图均呈无序状态分布，因此可知本研究不存在异方差问题。

(3) 序列相关问题。就本研究而言，通过调查问卷收集的数据属于截面数据，不存在序列相关问题（应洪斌，2011），因此无需对序列相关问题进行检验。

2. 层次回归分析

本研究的解释变量为知识缄默性与异质性，被解释变量为深度优先的外部知识获取策略与广度优先的外部知识获取策略，调节变量为网络中心性，控制变量为行业类型、企业规模与年龄。在对调节效应进行分析时，通常将自变量和调节变量中心化处理，即变量值减去样本均值（温忠麟，侯杰泰和张雷，2005）。相应地，本研究将自变量知识缄默性与异质性、调节变量网络中心性进行中心化处理，并将处理后的知识缄默性同网络中心性两两相乘，作为交互项进入层次回归模型。

(1) 深度优先的外部知识获取策略回归结果

知识属性对深度优先的外部知识获取策略作用机制实证研究分析结果如表4-13所示。表4-13中各模型的因变量为深度优先的外部知识获取策略，表中列举的回归系数为非标准化系数。模型1的解释变量包括控制变量和调节变量，模型2基于模型1加入了知识缄默性变量，模型3基于模型2加入了知识异质性变量，模型4基于模型3加入了表征网络中心性调节作用的交互项（知识缄默性×网络中心性）。由表4-13可知，四个模型在F统计值上的显著性概率都小于0.001，这表明各个模型的总体回归效果是显著的。就R^2变动而言，模型4的R^2为0.505，与其他模型相比有显著性的提高（相对于模型2的$\Delta F=13.759$，$p<0.001$；相对于模型3的$\Delta F=13.639$，$p<0.001$），可见全模型4解释力最高。

将模型2与模型1对比可知，加入解释变量知识缄默性后，模型2的R^2值较模型1有显著性提高（$\Delta F=13.759$，$p<0.001$），这说明模型2比模型1更好地解释了深度优先的外部知识获取策略。将模型3与模型2对比可知，加入解释

变量知识异质性后，模型 3 的 R^2 值较模型 2 有显著性提高（$\Delta F=13.639$，$p<0.001$），这说明模型 3 比模型 2 更好地解释了深度优先的外部知识获取策略。由模型 2 和模型 3 可知，知识缄默性对深度优先的外部知识获取策略存在正向影响，其回归系数为 0.192（依据模型 3），且在 $p<0.01$ 水平上显著，因此假设 1 通过验证。由模型 3 可知，与预期不同的是，知识异质性对深度优先的外部知识获取策略存在负向影响，其回归系数为 -0.159，且在 $p<0.001$ 水平上显著，因此假设 3 没有通过验证。

表 4-13　回归分析——知识属性、网络中心性与深度优先的外部知识获取（$N=231$）

	模型类别	模型 1（M1）	模型 2（M2）	模型 3（M3）	模型 4（M4）
	常数项	3.728***	3.791***	3.756***	3.703***
控制变量	行业类型	0.410***	0.286**	0.355***	0.380***
	企业年龄	0.005	0.003	0.004	0.003
	企业规模	-0.125^+	-0.116^+	-0.128^+	-0.111^+
调节变量	网络中心性	0.567***	0.519***	0.490***	0.439***
解释变量	缄默性	—	0.226***	0.192**	0.185**
	异质性	—	—	-0.159***	-0.162***
交互项	缄默性×网络中心性	—	—	—	0.144**
模型统计量	R^2（调整后R^2）	0.424（0.413）	0.457（0.445）	0.488（0.474）	0.505（0.489）
	R^2 变动	0.424	0.033	0.031	0.017
	F 统计值	41.530***	37.851***	35.587***	32.482***
	F 变动	41.530***	13.759***	13.639***	7.581**

注：被解释变量为深度优先的外部知识获取策略；表中 F 变动值考察的是 R^2 变动的显著性；表中回归系数为非标准化路径系数。

***表示显著性水平 $p<0.001$（双尾检验）；**表示显著性水平 $p<0.01$（双尾检验）；*表示显著性水平 $p<0.05$（双尾检验）；+表示显著性水平 $p<0.1$（双尾检验）。

将模型 4 与模型 3 对比可知，加入知识缄默性与网络中心性的交互项之后，模型 4 的 R^2 值较模型 3 有显著性提高（$\Delta F=7.581$，$p<0.01$），这说明模型 4 比模型 3 更好地解释了深度优先的外部知识获取策略。由模型 4 可知，知识缄默性与网络中心性的交互项对深度优先的外部知识获取策略存在正向影响，其回归系数为 0.144，且在 $p<0.01$ 水平上显著，这表明当企业网络中心性越高时，知识缄默性对深度优先的外部知识获取策略的正向效应更显著，因此假设 5 通过验证。

（2）广度优先的外部知识获取策略回归结果

知识属性对广度优先的外部知识获取策略作用机制实证研究分析结果如表

4-14 所示。表 4-14 中各模型的因变量为广度优先的外部知识获取策略，表中列举的回归系数为非标准化系数。模型 5 的解释变量包括控制变量和调节变量，模型 6 在模型 5 的基础上加入了知识缄默性变量，模型 7 在模型 6 的基础上加入了知识异质性变量，模型 8 在模型 7 的基础上加入了表征网络中心性调节作用的交互项（知识缄默性×网络中心性）。由表 4-15 可知，四个模型在 F 统计值上的显著性概率都小于 0.01，这表明各个模型的总体回归效果是显著的。就 R^2 变动而言，模型 8 的 R^2 为 0.285，与其他模型相比有显著性的提高（相对于模型 6 的 $\Delta F=8.878$，$p<0.01$；相对于模型 3 的 $\Delta F=50.657$，$p<0.001$），可见全模型 8 解释力最高。

表 4-14 回归分析——知识属性、网络中心性与广度优先的外部知识获取（$N=231$）

	变量	模型 5 (M5)	模型 6 (M6)	模型 7 (M7)	模型 8 (M8)
常数项		0.2792***	2.789***	2.785***	2.783***
控制变量	行业类型	−0.014*	−0.008	−0.001	0.000
	企业年龄	0.000	0.000	0.000	0.000
	企业规模	0.002	−0.002	0.000	0.001
调节变量	网络中心性	0.008**	0.011***	0.008**	0.005+
解释变量	缄默性	—	−0.010**	−0.013***	−0.014***
	异质性	—	—	−0.016***	−0.016***
交互项	缄默性×网络中心性	—	—	—	0.007**
模型统计量	R^2（调整后R^2）	0.058 (0.042)	0.094 (0.074)	0.261 (0.241)	0.285 (0.262)
	R^2变动	0.058	0.036	0.167	0.023
	F统计值	3.510**	4.681***	13.205***	12.678***
	F变动	3.510**	8.878**	50.657***	7.295**

注：被解释变量为广度优先的外部知识获取策略；表中 F 变动值考察的是 R^2 变动的显著性；表中回归系数为非标准化路径系数。

*** 表示显著性水平 $p<0.001$（双尾检验）；** 表示显著性水平 $p<0.01$（双尾检验）；* 表示显著性水平 $p<0.05$（双尾检验）；+表示显著性水平 $p<0.1$（双尾检验）。

将模型 6 与模型 5 对比可知，加入解释变量知识缄默性后，模型 6 的 R^2 值较模型 5 有显著性提高（$\Delta F=3.510$，$p<0.01$），这说明模型 6 比模型 5 更好地解释了广度优先的外部知识获取策略。将模型 7 与模型 6 对比可知，加入解释变量知识异质性后，模型 7 的 R^2 值较模型 6 有显著性提高（$\Delta F=8.878$，$p<0.01$），这说明模型 7 比模型 6 更好地解释了广度优先的外部知识获取策略。由模型 6 和模型 7 可知，知识缄默性对广度优先的外部知识获取策略存在负向影响，其回

归系数为-0.013（依据模型7），且在 $p<0.001$ 水平上显著，因此假设2通过验证。由模型7可知，知识异质性对广度优先的外部知识获取策略存在负向影响，其回归系数为-0.016，且在 $p<0.001$ 水平上显著，因此假设4通过验证。

将模型8与模型7对比可知，加入知识缄默性与网络中心性的交互项之后，模型8的 R^2 值较模型7有显著性提高（$\Delta F=7.295$，$p<0.01$），这说明模型8比模型7更好地解释了广度优先的外部知识获取策略。由模型8可知，知识缄默性与网络中心性的交互项对广度优先的外部知识获取策略存在正向影响，其回归系数为0.007，且在 $p<0.01$ 水平上显著，这表明当企业网络中心性越高时，知识缄默性对广度优先的外部知识获取策略的负向效应越不显著，因此假设6通过验证。

第三节 知识属性对技术学习策略作用机制的讨论

一、结果

本研究关注的是知识属性对企业技术学习策略的作用机制，多元线性回归实证结果如图4-3所示。知识缄默性对深度优先的外部知识获取策略存在显著的正向影响，知识缄默性对广度优先的外部知识获取策略存在显著的负向影响，假设1与假设2通过验证。知识异质性对广度优先的外部知识获取策略存在显著的负向影响，假设4通过验证。网络中心性对知识缄默性与深度优先的外部知识获取策略之间的关系起到显著的正向调节作用，网络中心性对知识缄默性与广度优先的外部知识获取策略之间的关系起到显著的负向调节作用，假设5与假设6通过验证。与预期相反的是，知识异质性对深度优先的外部知识获取策略存在显著的负向影响，假设3没有通过验证。下文将针对未成立的假设和本研究的其他实证结果进行解释和进一步讨论。

二、知识缄默性与企业技术学习策略关系讨论

假设1认为，知识缄默性越强，企业越倾向于采取深度优先的外部知识获

第四章 知识属性对技术学习策略作用机制的实证研究

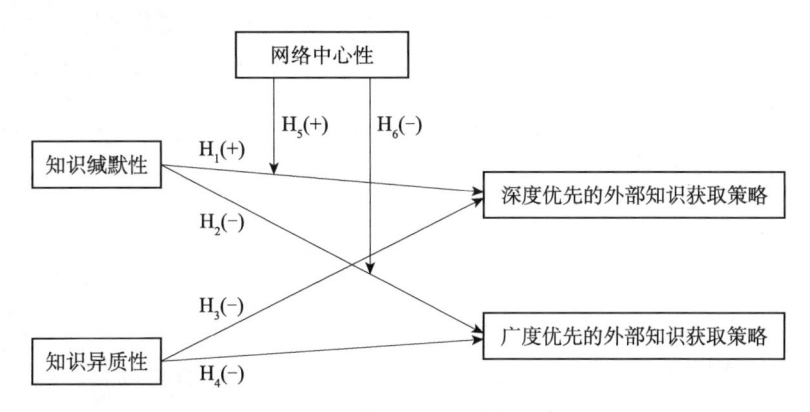

图 4-3 知识属性对企业技术学习策略作用机制模型实证结果

取策略。如前所述，假设 1 通过验证。知识缄默性对深度优先的外部知识获取策略存在正向作用主要是基于以下四点原因：①知识缄默性使得知识的传递一般发生在个体层面，且通过紧密而频繁的联系才能确保知识传递的顺利进行（Cavusgil, Calantone & Zhao, 2003；Jo, Richard, Bella Ya-Hui et al., 2008；Kikoski C & Kikoski J, 2004；Nonaka & Takeuchi, 1991；Ragna Seidler-de & Evi, 2008；Rosenberg, 1982）；②获取缄默性较高的知识需要一个累积的过程（Hamel, 1991；Howells, 2002；Kogut & Zander, 1993；Nadler, Thompson & van Boven, 2003；Reed & DeFillippi, 1990；Senker, 2008）；③知识缄默性增加了知识的模糊性（Bernard, 2004；Crossan & Inkpen, 1995；Lippman & Rumelt, 1982；Reed & DeFillippi, 1990；Simonin, 1999）；④知识缄默性降低了知识传递的速度（Albino, Garavelli & Schiuma, 1998；Borys & Jemison, 1989；Kogut, 1988；Zander & Kogut, 1995）。

假设 2 认为，知识缄默性越强，企业越少采取广度优先的外部知识获取策略。如前所述，假设 2 通过验证。知识缄默性对广度优先的外部知识获取策略存在负向作用主要是基于以下三点原因：①知识缄默性增加了知识传递的成本（Hansen, 1999；Kogut & Zander, 1993；Reagans & McEvily, 2003；Teece, 1977）；②知识缄默性决定了获取外部知识的有效渠道（Albino, Garavelli & Schiuma, 1998；Breschi & Lissoni, 2001b；Pisano, Russo & Teece, 1988；Ragna Seidler-de & Evi, 2008）；③知识缄默性通常伴随着问题特定性（Breschi & Lissoni, 2001b；Ragna Seidler-de & Evi, 2008）。

以往研究大部分仅指出知识缄默性对于知识传递和技术学习的阻碍（Breschi & Lissoni, 2001b; Howells, 2002; Kogut & Zander, 2003; Lippman & Rumelt, 1982; Nonaka & Takeuchi, 1991; Reed & DeFillippi, 1990; Zander & Kogut, 1995），且大多停留在理论阐述层面，较少进行深入的实证研究（Bernard, 2004; Simonin, 1999; Teece, 1977）。与以往研究相比，本研究将企业技术学习策略划分为深度优先与广度优先两种类型，并实证研究了知识缄默性与深度优先的外部知识获取策略、广度优先的外部知识获取策略之间的关系。结果表明，知识缄默性对企业采取深度优先的外部知识获取策略存在显著的促进作用，而对企业采取广度优先的外部知识获取策略存在显著的阻碍作用。这表明，知识缄默性越强时，企业更倾向于通过有限的技术学习渠道获取外部知识，而非采取广度优先的外部知识获取策略。

三、知识异质性与企业技术学习策略关系讨论

假设3认为异质性越高，企业越倾向于采取深度优先的外部知识获取策略。如前所述，假设3没有通过验证。实证结果表明，异质性对深度优先的外部知识获取策略存在显著的负向影响。这可能是由于当产业集群内企业与其他企业之间在产品类别、生产设备及工艺流程上存在较大差异时，一方面，该企业的知识基础可能较为先进，此时它们更倾向于进行自主研发，在产业集群内扮演知识守门人的角色（Giuliani & Bell, 2005），较少向知识基础薄弱的企业寻求有用的知识（Schrader, 1991）；另一方面，该企业的知识基础可能较为落后，既不能提供有价值的知识给其他企业，也无法获取和利用其他企业拥有的知识，在集群知识系统中处于一种隔离的状态（Giuliani & Bell, 2005）。在上述两种情况下，企业更多地依赖于自身进行技术开发和改进，较少进行外部知识获取行为，或者即便进行外部知识获取行为，自身对于所获取知识的内部改进和调整也更为重要。因此，异质性越高，企业越少采取深度优先的外部知识获取策略。

假设4认为异质性越高，企业越少采取广度优先的外部知识获取策略。如前所述，假设4通过验证。知识异质性之所以对企业广度优先的外部知识获取策略存在负向影响，主要是基于以下两点原因：①知识异质性增加了知识传递

双方知识基础的差距（Carter，1989；Dosi，1988；Giuliani & Bell，2005；Lane & Lubatkin，1998；Nelson & Winter，1982）；②知识异质性增加了知识获取的成本（Carlile，2002；Castells，2000；Schrader，1991；Teece，1977）。

以往研究仅指出知识异质性对于知识传递的阻碍，认为知识异质性妨碍企业的相互理解和知识整合的发生（Carlile，2002；Crossan & Inkpen，1995；Hamel，1991；Nooteboom，van Haverbeke，Duysters et al.，2007；Teece，1977），但相关实证研究却较为缺乏，更没有系统地研究过知识异质性对于企业不同技术学习策略的影响以及影响是否存在差异。与以往研究相比，本研究将企业技术学习策略划分为深度优先与广度优先两种类型，并实证研究了知识异质性对于深度优先的外部知识获取策略与广度优先的外部知识获取策略的影响。结果表明，知识异质性对于企业采取深度优先的外部知识获取策略与广度优先的外部知识获取策略存在显著的阻碍作用。这表明，当产业集群内的企业与其他企业在产品、制造、工艺上存在差异较大时，对外技术学习较少发生（Hamel，1991），企业更多地依靠自身进行产品、工艺改进。

四、网络中心性的调节作用讨论

1. 网络中心性对知识缄默性与深度优先的外部知识获取策略关系的调节作用讨论

假设 5 认为，网络中心性越高，缄默性对深度优先的外部知识获取策略的正向效应越显著。如前所述，假设 5 通过验证。本研究取网络中心性变量的样本均值加减一个标准差分别作为高网络中心性组和低网络中心性组，并比较两种情况下知识缄默性与深度优先的外部知识获取策略的关系。如图 4-4 所示，与网络中心性较低的情况相比，当网络中心性较高时，知识缄默性对深度优先的外部知识获取策略的正向影响更为显著。

网络中心性越高，缄默性对深度优先的外部知识获取策略的正向效应越显著。这主要是因为以下几点：①网络中心性有助于企业之间的非正式联系（Bell，2005；Burt，1980，2004；Gnyawali & Madhavan，2001；Powell，Koput & Smith-Doerr，1996；Uzzi，1996）；②网络中心性有利于企业选择需要的

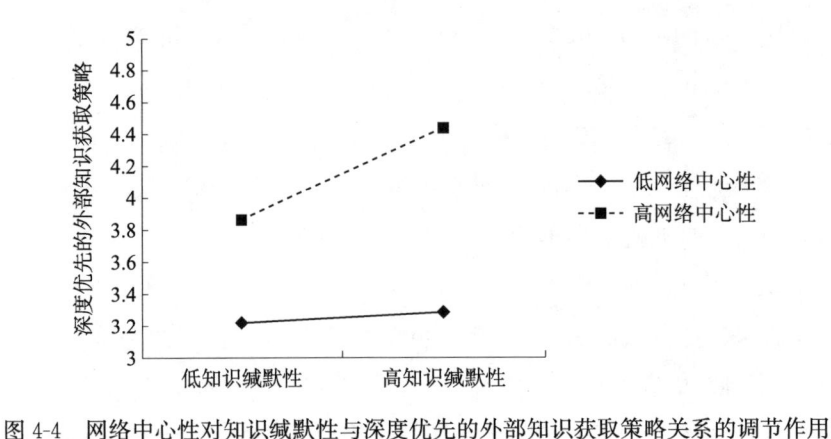

图 4-4　网络中心性对知识缄默性与深度优先的外部知识获取策略关系的调节作用

互动模式、互动时间及媒介（Astley & Sachdeva, 1984；Baldwin, Bedell & Johnson, 1997；Gilsing, Nooteboom, Vanhaverbeke et al., 2008；Ibarra, 1993b）；③网络中心性有助于提升知识获取企业与知识源之间的互惠性（Cook & Emerson, 1978；Ibarra, 1993a；Mehra, Kilduff & Brass, 2001；Tsai, 2000）。也就是说，与网络中心性较低的情况相比，网络中心性较高时，企业为了获取缄默性较高的知识，更加倾向于采取深度优先的外部知识获取策略。此时，企业在知识网络中具备更大的话语权和更多的资源，更加易于定位相应的有限知识来源，并获取所需要的技术知识。

2. 网络中心性对知识缄默性与广度优先的外部知识获取策略关系的调节作用讨论

假设 6 认为，网络中心性越高，缄默性对广度优先的外部知识获取策略的负向效应越不显著。如前所述，假设 6 通过验证。本研究取网络中心性变量的样本均值加减一个标准差分别作为高网络中心性组和低网络中心性组，并比较两种情况下知识缄默性与广度优先的外部知识获取策略的关系。如图 4-5 所示，与网络中心性较低的情况相比，当网络中心性较高时，知识缄默性对广度优先的外部知识获取策略的负向影响越不显著。

网络中心性越高，缄默性对广度优先的外部知识获取策略的负向效应越不显著。这主要是由于以下两点原因：①网络中心性有利于企业扩大搜索范围（Burt, 1987, 2004；Gnyawali & Madhavan, 2001；Tsai, 2000；van de Ven,

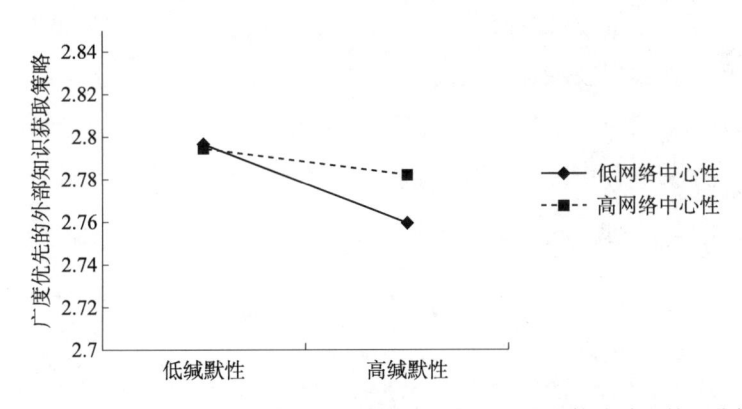

图 4-5　网络中心性对知识缄默性与广度优先外部知识获取策略关系的调节作用

1986）；②网络中心性可提高知识传递的成本效率（Brass，1984；Coleman，1994；Pappas & Wooldridge，2007；Tsai，2001）。与网络中心性较低时相比，网络中心性高的时候，为了获取缄默知识，企业可以更快地与其他企业建立联系，并可有效评估知识的有效性，此时，企业可在一定程度上承担广度优先的外部知识获取策略带来的成本与压力，缄默性对广度优先的外部知识获取策略的负向效应越不显著。

以往研究分别关注网络属性及知识属性对于企业技术学习的影响，较少有研究考虑网络属性对于知识属性与企业技术学习之间关系的影响（Hansen，1999；Reagans & McEvily，2003；Sorenson，Rivkin & Fleming，2006）。与以往研究不同，本研究关注了网络中心性对知识缄默性与企业技术学习策略关系的调节作用，实证结果表明，就不同的外部知识获取策略而言，网络中心性所起的调节作用也不同。本研究有助于我们更为系统地了解不同类型影响因素对于企业不同技术学习策略的影响。

第四节　本章小结

第三章提出了知识属性影响企业技术学习策略作用机制的研究模型，本章在该研究模型的基础上，通过问卷调查的形式收集实证数据，并系统运用了验证性因子分析、相关分析、多元线性回归分析等方法对研究假设进行实证检验。

根据实证结果，本章针对知识缄默性、异质性与深度优先的外部知识获取策略、广度优先的外部知识获取策略之间的关系进行了讨论，并进一步阐述了网络中心性对知识缄默性与深度优先的外部知识获取策略、广度优先的外部知识获取策略之间关系的调节作用。本章对应的研究问题一的结论总结如表 4-15 所示。

表 4-15　知识属性对企业技术学习策略作用机制的假设验证情况汇总

假设序号	假设具体描述	验证情况
假设 1	缄默性对深度优先的外部知识获取有显著的正向影响	通过
假设 2	缄默性对广度优先的外部知识获取有显著的负向影响	通过
假设 3	异质性对深度优先的外部知识获取有显著的正向影响	未通过
假设 4	异质性对广度优先的外部知识获取有显著的负向影响	通过
假设 5	网络中心性越高，缄默性对深度优先的外部知识获取的正向效应越显著	通过
假设 6	网络中心性越高，缄默性对广度优先的外部知识获取的负向效应越不显著	通过

第五章
知识属性对创新绩效作用机制模型的构建

针对本书的第二个研究问题"知识属性如何通过决定企业的技术学习惯例从而对企业创新绩效产生影响?"本章将构建相应概念模型,阐述技术学习惯例的形成过程及内在构成,并结合已有理论展开深入探讨,提出相关研究假设。

第一节 模型构建

知识属性影响因素对创新绩效作用机制的模型构建主要体现在以下三个方面。

(1) 本研究仍选择知识缄默性和知识异质性作为知识属性影响因素。上文阐述了缄默性、异质性对技术学习策略的影响,由于技术学习惯例是技术学习策略指导下企业具体的行为模式,因此,缄默性、异质性同样也对技术学习惯例产生一定影响。

(2) 本研究选择技术学习惯例作为知识属性与创新绩效关系的中介机制。技术学习惯例指的是组织层面多个主体围绕技术学习所进行的经常性的、交互的行为模式。一方面,任务特征对组织惯例存在一定影响(Becker,2005),相似地,本研究也将强调知识属性对技术学习惯例的作用,以继续关注情境因素对组织惯例的重要影响。另一方面,在组织理论和战略领域,学者们往往强调惯例在持续竞争优势中所扮演的角色(Barney,1991; Eisenhardt & Martin, 2000; Nelson & Winter,1982),但关于惯例对组织竞争优势及绩效影响的实证研究仍相当有限。基于此,本研究选择技术学习惯例作为中介变量,实证研究知识属性与惯例、惯例与绩效的关系。

(3) 本研究从两个维度对技术学习惯例进行刻画——多样性和强度。Becker (2005) 从行为层面出发，将惯例看作组织内部完成工作任务的方式，从使用频率和多样性两个方面刻画组织惯例的特征。其中，惯例的频率指的是同一交互模式在一定时间段内被重复的次数，惯例的多样性指的是构成经常性交互模式的行为的多样性。相似地，本研究借鉴其对于惯例特征的区分，通过多样性和强度来描述技术学习惯例的不同方面。技术学习惯例多样性指的是：在技术学习的过程中，企业所采取的经常性行为模式的数目。技术学习惯例强度指的是：在技术学习的过程中，企业对不同的经常性行为模式的执行程度。对于多样性和强度的划分，有助于深入了解技术学习惯例特征，有助于本书进一步验证知识属性影响因素对技术学习惯例内在特征的不同影响，从而深刻揭示其背后作用机制和逻辑关系。

基于上述论述，本章基本概念模型如图 5-1 所示。

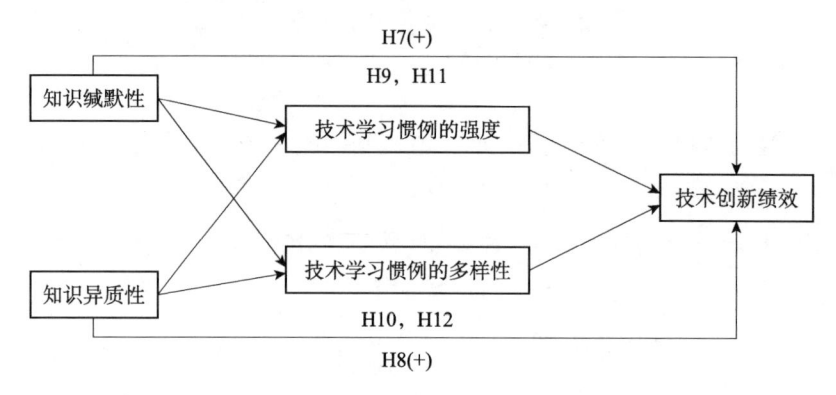

图 5-1　知识属性对创新绩效的作用机制：基本概念模型

第二节　技术学习惯例的形成过程和内部组成

本研究对技术学习惯例的定义为：组织层面多个主体围绕技术学习所进行的经常性的、交互的行为模式。如前所述，以往研究或者将惯例看作黑箱，或者从认知角度对惯例进行探讨，对于现实情境下组织内部的任务是如何被完成的以及这一过程中的规律性行为却关注过少。基于此,本书试图弥补以往研究不足:①从组织层面出发,构建技术学习惯例的形成过程,以揭示组织内多主体之间的互动性、相互依赖性;②着重从行为视角出发,关注"什么是技术学习惯例",以求打开惯例黑箱,揭示实际情境下企业技术学习过程中的规律性的行为模式。

一、技术学习惯例的形成过程

当企业内外环境发生改变时,管理实践也相应地有所变动,其中一些好的做法经过实践后,为企业所保留(Zbaracki,1998)。相似地,Birkinshaw、Hamel 和 Mol(2008)指出,企业管理创新的形成经历了四个阶段:激励、创造、实施、定义。基于此基本思路,本书构建了技术学习惯例的形成过程(图 5-2)。

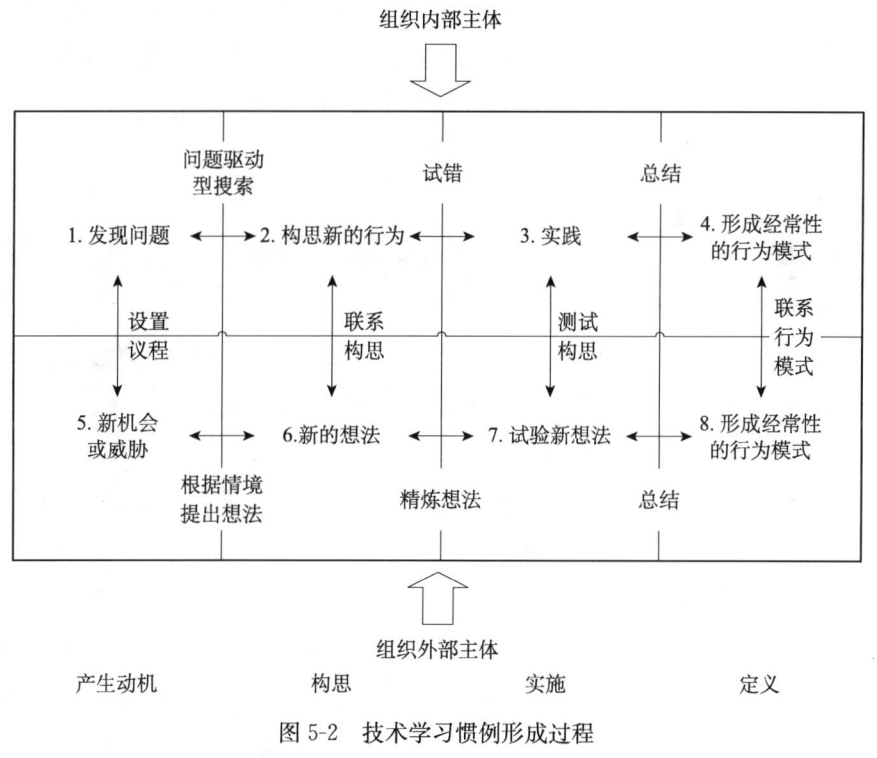

图 5-2 技术学习惯例形成过程

资料来源:根据 Birkinshaw、Hamel 和 Mol(2007)整理

在技术学习惯例形成的过程中,主要有两类主体参与:组织内部主体及组

织外部主体。组织内部主体指的是企业内部的员工，组织外部主体指的是与企业有所联系的咨询者、学者、智囊团等。

技术学习惯例的形成主要经历了四个阶段：动机、构思、实施、定义。

1. 动　　机

该阶段指的是组织层面的个体受到推动，希望改进企业的技术学习行为。

就组织内部个体而言，当其意识到组织技术学习实际绩效与潜在绩效之间存在差距时，受到推动，希望解决这一问题，因此展开问题驱动的搜索。

就组织外部个体而言，他们有能力辨识出外部环境中存在的机会及威胁（Birkinshaw，Hamel & Mol，2008），并进一步分析企业的实际情况，希望根据企业技术学习的实际情况提出可供实施的新想法，以应对环境变化。

组织内部个体与组织外部个体可通过已设定的议程进行日常沟通和联系，讨论双方所感知的企业内部问题及企业外部变化，此种互动有助于企业了解外部环境的动态性，吸收更多新的想法。

2. 构　　思

该阶段指的是组织层面个体在前期搜索和情境分析基础上，提出可供实施的技术学习行为。

就组织内部个体而言，构思新行为可源自问题驱动型搜索、联系构思、试错三类活动。问题驱动型搜索指的是面临特定问题或机会时，个体为了创造新实践所采取的有意的、经常性的活动（Cyert & March，1963）。联系构思指的是组织内部个体与组织外部个体建立联系进行沟通，讨论可采取的技术学习做法。试错是实施新行为所得到的反馈。在这三类活动的支持下，组织内部个体提出新的技术学习行为以供实践。

就组织外部个体而言，新想法的产生源自在动机阶段对于企业实际情况的分析、与组织内部个体的沟通、以往试验中获得的经验。在动机阶段，组织外部个体感知到环境的机会和威胁，进一步对企业实际情况进行分析，因此可在分析基础上提出符合企业技术学习情境的新想法。与组织内部个体的沟通有助于组织外部个体更加明确想法的可行性。以往试验中积累的经验有助于组织外部个体精炼想法，以更符合实践。

3. 实　　施

该阶段指的是将组织层面个体提出的可供实施的技术学习行为付诸实践，观察其在组织中的实际效果。

就组织内部个体而言，此阶段主要得益于两类活动：试错和总结。在反复试错的过程中，他们积累起关于技术学习行为有效性的经验，这些经验可以进一步指导实践的顺利进行。在以往总结技术学习经常行为的基础上，他们更加明确不同技术学习行为的有效性及长久性，从而在实践中有针对性地进行观察。

相似地，就组织外部个体而言，实施阶段得益于两类活动：精炼想法和总结。在精炼想法的过程中，他们提出更加符合技术学习情境的行为进行实践。在以往总结的基础上，他们积累起对不同技术学习行为特性的了解，从而可以更好地指导实践。

组织内部个体与组织外部个体在测试各自构思的过程中，可相互指导，定位出最适合企业实施情境和外部技术、市场环境的技术学习行为。

4. 定　　义

该阶段指的是企业对实践过程中行之有效的技术学习行为进行定义，并在组织内部推广，形成经常性的行为模式。

就组织内部个体而言，形成经常性行为模式源自总结与联系行为模式两类活动。总结指的是组织内部个体在实践过程中，根据实施效果和对企业技术学习绩效的改进情况进行评估，筛选出有效的技术学习行为模式。联系行为模式指的是组织内部个体回顾以往经由组织外部个体构思所形成的经常性行为模式，从中吸取经验，从而更好地定义新的经常性行为模式即技术学习惯例。

相似地，就组织外部个体而言，形成经常性行为模式源自总结与联系行为模式两类活动。对总结活动的解释如上所述。联系行为模式更多倾向于组织外部个体指导组织内部个体形成技术学习惯例。

二、技术学习惯例的内部组成

本部分从外部知识获取的视角，将组织内部知识管理的过程划分为不同阶段；在此基础上，确定每一阶段的具体知识操作行为即技术学习惯例。在知识管理过程基础上构建组织技术学习惯例的好处在于：①有助于对企业实际行为的观察；②知识管理过程有共同的特性，适用于不同的企业，并能根据实施情况确定各自的使用程度（Coombs & Hull，1998）。

1. 知识管理过程的划分

知识可以从不同的视角看待：思维状态、物体、过程、对信息的获取、能力。相应地，知识视角的不同使得知识管理的重点也有所差异。如果从过程视角看待知识，那么知识管理将主要关注知识流动和知识创造、共享、扩散的过程（Maryam & Dorothy，2001）。本研究主要采取基于过程的视角看待组织内部的知识管理。知识管理是一个过程，可分为不同阶段。尽管现有研究对于知识管理的过程存在诸多划分，但具体分歧较少，主要体现在阶段的多少及名称的差异，而非基本概念的不同（Maryam & Dorothy，2001）。

Hargadon 和 Sutton（1997）基于组织学习和记忆视角，提出了知识转移的过程模型，包括获取（acquisition）、存储（storage）、激活（retrieval）。在该模型中，知识通过组织搜索惯例从外界获得，存储在组织记忆中，然后得到激活进行使用。

相似地，Carlile 和 Rebentisch（2003）认为现有的知识转移理论无法解释知识的路径依赖性所产生的影响，提出了知识转化循环的三个阶段：存储（storage）、激活（retrieval）、转化（transformation）。存储指的是在现有的知识单元中加入个体、团队或组织积极使用的新知识；激活指的是确定可满足需要或解决问题的知识，首先要搜索有用的知识来源，其次要对其进行评估，以明确其是否与所执行的任务相关、是否值得获取；当知识的新颖性提升时，团队之间的差异和相互依赖性通常产生负面的结果，需要对专有知识进行转化，以处理这些负面结果，并产生集体性的解决方案，此时创造新知识的挑战并非仅将团队间的隐性知识变为显性，而需要对知识进行重新定义、协商、转化，以产生集体的解决方案。该模型主要有两点不同于以往模型，首先其始于存储阶段，强调了存储的知识通常是路径依赖的来源；其次该模型强调了转化的重要性，突出了当知识新颖性存在时，针对知识的路径依赖性需要更加积极努力地进行知识整合、创造新知识。

　　Maryam 和 Dorothy（2001）提出了知识管理的四个阶段：创造（creation）、存储/激活（storage/retrieval）、转移（transfer）、应用（application）。知识创造指的是在组织的隐性和显性知识中开发新知识或者替换已有知识；知识的存储、组织、激活即为组织记忆，是有效知识管理的重要方面（Stein & Zwass，1995）；组织内部的知识转移主要通过正式、非正式，个体、非个体层面的知识传递渠道（Holtham & Courtney，1998）；知识应用则是知识管理的重要目标，企业知识观指出竞争优势源于知识的应用而非知识本身。

　　进一步地，Gilbert 和 CordeyHayes（1996）提出了组织内部知识转移的过程模型，该模型有助于管理组织内部新知识的研发，共包括五个阶段：获取（acquisition）、沟通（communication）、应用（application）、接受（acceptation）、吸收（assimilation）。获取指的是从组织外部获取信息；沟通指的是在组织内部扩散所获取的信息；应用是指获取和沟通的信息在组织内部应用和保留；接受涉及个体对应用信息的接受程度；吸收代表了在累积性学习的过程中，个体能力和组织惯例均产生变化。

　　Szulanski（1996a）指出，企业内部最佳实践的传递包括四个阶段：初始（initiation）、实施（implementation）、应用（ramp-up）、整合（integration）。初识阶段涉及需求及满足该需求的知识同时存在于组织内部；实施阶段指的是知识或资源在接受方和来源之间流动；应用阶段开始于接受者使用被传递的知识；整合阶段开始于接受者使用获取的知识得到满意的结果之后，对于该知识的使用成为惯例（图 5-3）。

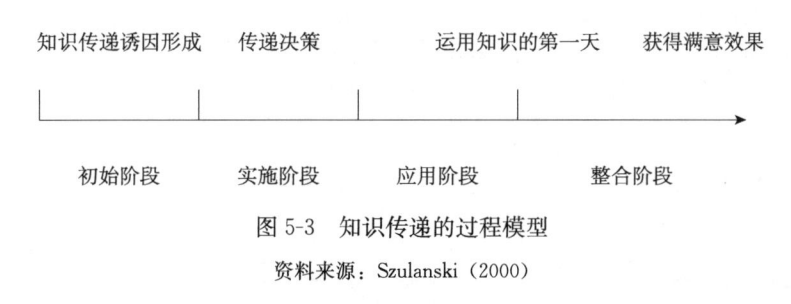

图 5-3　知识传递的过程模型

资料来源：Szulanski（2000）

　　基于上述研究，从外部知识获取的视角，本书认为组织进行知识管理的过程主要存在四个阶段：获取、存储、激活、转化。获取指的是从外部获取技术知识（Gilbert & CordeyHayes，1996）；存储是为了防止企业忘记学习的知识（Argote，Beckman & Epple，1990），在现有的知识单元中添加经使用证明有效的知识（Carlile & Rebentisch，2003）、或者尚未使用但未来或许有用的知识；激活是当企业发现机会或问题时，定位所存储的知识，并对其进行评估的过程；转化指的是在企业激活相关知识后，将隐性知识变为显性知识，将个体知识变为组织知识，将激活的知识与组织已有的知识整合，创造出具体技术方案（解决问题或进行创新）的过程。

2. 知识管理过程下具体的知识操作

上文基于外部知识获取视角，将组织知识管理过程分为不同阶段，本部分将在此基础上，进一步指出不同阶段下的具体知识操作行为，即组织的技术学习惯例。

（1）知识获取

本研究确定了企业获取外部知识的五类机制共十五种渠道。知识获取的五类机制为：聘请人才、引入编码化知识、培训、与供应商和顾客进行互动、与高校或研发机构进行互动。具体知识操作行为如表 5-1 所示。

表 5-1　技术学习惯例——知识获取阶段

知识获取机制	知识获取行为
聘请人才	招聘刚毕业的大学生作为工程技术人员 招聘有经验的工程师
引入编码化知识	从技术出版物中获取技术知识 从专利公告披露中获取技术知识 从技术性会议中获取技术知识 从行业性展览会上获取相关技术信息和知识
培训	参加商会或行业协会提供的技术培训 去本行业内先进企业开展技术性访问 鼓励技术人员接受再教育（如硕士、博士课程）或专业性技术培训（如硕士、博士课程）
与供应商和顾客进行互动	在解决关键客户或特殊用户的技术需求和技术问题过程中获得想法 在接触供应商员工的过程中获得想法或技术 从大客户（或上游厂商）处获取技术指导与培训
与高校或研发机构进行互动	与高校或研发机构的合作研发 遇到技术问题，向高校或研发机构咨询 在接触高校或研发机构人员的过程中获得想法或技术

聘请人才。人员流动加速了知识扩散和学习过程，创造新的知识，同时在企业之间建立起联系，是集群和网络构建的重要因素（Power & Lundmark, 2004）。Casper（2007）应用社会网络分析对圣迭戈生物科学集群进行实证研究，指出了企业间员工流动在区域经济增长中的积极作用。Figueiredo（2003）指出企业引进人才的方式包括聘请刚毕业的工程师、聘请有经验的工程师和管理者、聘请专家进行咨询、邀请专家到企业内举行讲座、聘请博士生进行产品和工艺研究、返聘已退休的工程师。具体而言，本书确定了人才流动的两种方式：聘请刚毕业的大学生，以及聘请有经验的工程师。

引入编码化知识。Harabi（1997）指出，企业可通过专利披露、出版物和技术性会议获取技术知识。Chen（2009）针对台湾机床行业进行案例研究，结果表明，台湾地区以外的展会给台湾机床企业提供了知识获取和学习的机会，一方面，台湾机床企业从台湾地区以外的展会上可获得最新的关于竞争者、供应商和客户的技术信息，台湾工程师可在展会上观察先进企业的产品和技术，并直接与它们的工程师进行交流；另一方面，台湾机床企业可在展会上与台湾地区以外的技术供应商建立外部联系。Figueiredo（2003）指出，企业可通过技术性出版物和书籍、国外先进企业工程设计和工厂布局的获取引进编码化知识。基于此，本研究确定了引入编码化知识的四种方式：从技术出版物中获取技术知识、从专利公告披露中获取技术知识、从技术性会议中获取技术知识、从行业性展览会上获取相关技术信息和知识。

培训。培训（Harabi，1997）有助于员工技能的提升。Figueiredo（2003）指出，企业开展海外培训的方式包括接受关于工艺、产品研发和设备改进的专门课程，以及工程师的轮岗、技术性访问、进修研究生课程。Yamawaki（2002）指出，产业集群内的机构如商业协会、公共研发中心、批发商协会等会提供产品、工艺相关信息，其中，公共技术中心提供技术咨询服务以及举办研讨会，从而传播关于新技术和产品的信息；商会、行会等商业组织提供关于市场和技术的信息，并定期组织培训。基于此，本研究确定了培训的三种主要途径：参加商会或行业协会提供的技术培训、去本行业内先进企业开展技术性访问、鼓励技术人员接受再教育（如硕士、博士课程）或专业性技术培训（如硕士、博士课程）。

与供应商和顾客进行互动。很多研究指出，用户或供应商是外部知识获取的重要渠道（Bell & Albu，1999；Nadvi，1996；Sandee，1995；von Hippel，1988）。Chen（2009）通过对台湾机床行业的研究，对用户和供应商在企业技术学习过程中起到的作用进行了详细的阐述。就用户而言，一方面，其扮演了创新激励者和机器测试者的角色，为了满足用户的需求，机床企业会尽力去改进产品的功能并保证其价格上的吸引力，此外，新的机床研发出来之后，机床企业会选择信任的企业进行测试，用户企业的工程师在运转机床方面更有实际经验，从而可以更为有效地检测出机床的瑕疵；另一方面，用户扮演了技术中介的角色，机床企业会派出员工定期访问用户，由于某些用户会购买国外先进设备用于复杂工艺，用户对于它们的使用知识和经验有助于机床企业的产品改进，机床企业也可以进一步观察进口设备，此外，用户也许还会提供产品说明手册，其中包括了详细的说明和指导，这些可作为互补知识来源帮助工程师理解进口产品中的诀窍。就供应商而言，由于机床企业之间存在激烈的竞争，因此水平的知识联系较为稀少，而机床企业可通过共同的供应商获取竞争者的信息，包括技术绘图、与某产品相关的部件或生产信息。Figueiredo（2003）强调了与供应商和用户互动的以下方式：进行定期访问、解决用户问题、应用用户反馈、测试产品、合作研发。具体而言，本研究确定了与用户及供应商进行互动的三种方式：在解决关键客户或特殊用户的技术需求和技术问题过程中获得想法、在接触供应商员工的过程中获得想法或技术、从大客户（或上游厂商）处获取技术指导与培训。

与高校或研发机构进行互动。高校与研究机构被视为产业集群内知识溢出的主要机制之一（Mazzoleni & Nelson，2007），集群与高校和研究机构的关系对其创新能力和持续竞争力的提升有着重要意义（Owen-Smith，Riccaboni，Pammolli et al.，2002）。研发组织与集群内的众多企业存在交互，它们可促进信息在企业之间的扩散（McEvily & Zaheer，1999），包括其他企业提供的产品、拥有的资源和能力，以及在产品创新中遇到的问题及如何解决（Zhang & Li，2010）。此外，产业集群内企业遇到技术问题时，它们会向研发组织进行咨询或者委托研发组织进行研发，此时研发组织扮演了技术支持者的角色（Chen，2009）。基于此，本书确定了与高校或研发机构进行互动的三种方式：与高校或研发机构的合作研发；遇到技术问题，向高校或研发机构咨询；在接触高校或研发机构人员的过程中获得想法或技术。

(2) 知识存储

知识存储类似于组织记忆（Walsh & Ungson，1991）和学习曲线中对于知识的积累（Argote，Beckman & Epple，1990）。存储的知识是企业竞争优势的来源之一，其可提升未来研发的有效性，或者降低知识激活、转移及转化的成本（Carlile & Rebentisch，2003）。

知识存储源于两方面原因。一方面，从知识供应角度来讲，不同的知识进展不同（Rosenberg，1982），某些知识进步较快，另一些知识则成为制约企业产品研发的瓶颈，因此，进展较大的知识需要存储起来，留待日后需要的时候激活（Garud & Nayyar，1994）。另一方面，就市场需求而言，许多创新由于不充分的产品需求搁置（Wilson & Hlavacek，1984），关于某一产品的需求可能在未来因为制度性的变革或科技进步使得产品对顾客更有吸收力而出现。此外，企业也会选择将先进的产品研发先搁置起来，直至竞争者威胁到其市场地位再公之于世（Conner，1988）。

知识存储是一个过程，在这个过程中知识逐渐得以积累（Carlile & Rebentisch，2003）。本书认为，知识存储主要包括四个阶段：决定需要存储的知识、对知识进行存储、编织目录、制定激励体系（表 5-2）。

表 5-2 技术学习惯例——知识存储阶段

知识存储过程	知识存储行为
选择要保存的技术知识	收集与该技术相关的市场需求、竞争者动态信息 业务部门与研发部门共同决定哪些技术对于企业是重要的 在决策的过程中通过多种渠道（如面对面交谈、邮件、电话等）进行沟通
保存知识	对于关键性技术，将拥有该类技术知识的关键员工留在企业 对产品开发相关的文件和设计图等进行完善的保存和归档
对于已保存的技术知识，编制目录	对于企业归档的产品开发相关的文件和技术资料，以便我们可以很容易地查询和使用
对员工提供激励，以支持技术文档的保存和分享	

首先，企业有必要决定哪些知识需要存储，因为知识存储较为花费成本，并且需要分配资源以保证知识的可使用性（Levitt & March，1988）。具体而言，

容易创造的知识不需要存储,而难于创造的知识需要存储(Garud & Nayyar,1994)。

　　Garud和Nayyar(1994)对一个技术研发项目追踪了十年,他们详细描述了该技术研发项目决策哪些知识需要存储的过程。由于该研发项目可能会衍生出现许多子项目,而资源有限,因此项目成员需要决定哪些需要放弃、哪些需要存储、哪些需要聚焦。为了进行决策,项目成员首先收集关于各个潜在项目的信息,包括市场、研发时间、资源利用、竞争情况。其次,来自不同职能部门的管理者商讨项目评估准则,包括技术绩效、市场渗透力度、生产成本,并对不同的指标赋予权重。最后,项目成员继续评估这些项目的风险指数。基于这些步骤,该项目团队计算出不同项目的综合得分,并就需要聚焦和存储的项目达成一致。

　　可见,为了进行知识存储的决策,企业需要收集与该技术相关的市场、竞争信息,并组织不同职能部门的人员聚集在一起商讨哪些知识需要存储。此外,在决策过程中,由于涉及不同的部门以及不同的专业知识,可能会存在沟通不畅的情况,从而导致缄默性的存在,因此有必要采用不同的媒介如面对面沟通、邮件、电话等方式充分交流(Breschi & Lissoni, 2001b)。

　　其次,在决定需要存储的知识之后,企业应该采取恰当的形式储存知识。如上所述,知识存储类似于组织记忆,组织记忆指的是包含在书面文件、电子数据库、专家系统、组织程序中的知识,以及个体和个体网络所持有的隐性知识(Tan, Teo, Tan et al., 1998),它包括个体记忆和集体记忆(Maryam & Dorothy, 2001)。个体记忆主要基于个体的观察、经历和行动(Argyris & Schön, 1978)。集体记忆则指的是组织文化、生产工艺和工作流程、信息文档等(Walsh & Ungson, 1991)。相似地,Brown和Duguid(1991)认为知识可存储在书面文件、数字媒体、有经验的个体中。进一步地,Garud和Nayyar(1994)指出知识属性决定了技术知识保存的形式。当知识可明确阐述时,只需对其进行编码以备今后使用,可通过保存相关的文件和设计图进行存储(Foster, 1971)。当知识缄默性较高时,需要更多的媒介去保存。Wilson和Hlavacek(1984)指出,有些企业受益于以往创造的知识,它们通过留住核心员工进而保证知识的可使用性。当相关人员离开企业,或者知识变得过时时,知识就会逐渐丢失（Huber，1991）。

可见，对于缄默性较高的关键性技术，企业倾向于将核心员工留在企业；对于可编码化的知识，企业会保存相关的文档和设计图。

再次，企业需要对存储的知识编制目录。存储知识消耗成本和精力，因此，企业需要持续地评估存储的知识，决定哪些需要放弃，哪些需要使用。基于此，企业应当编制所存储知识的目录，并制定机制去定期评阅这些目录（Garud & Nayyar，1994）。Gupta（1989）指出，某些企业甚至不知道它们有哪些项目在进行。

最后，企业需要对员工提供激励，以促进技术文档的保存和分享。激励体系是组织文化的重要方面，如果只为新知识的研发提供激励，企业员工将缺少动力进行知识存储活动，因此，企业需要设计适当的激励体系，鼓励企业研发人员开展知识存储（Garud & Nayyar，1994）。

（3）知识激活

企业需要在适当的时机激活以往保存的知识，具体包括以下任务：辨别商业机会、激活保存的知识（Garud & Nayyar，1994）。相似地，Carlile 和 Rebentisch（2003）指出，激活涉及辨认可满足需要或解决问题的知识，其包括两方面的活动，首先搜索有用的知识来源，其次对知识来源进行评估，以确认它们是否与现有任务相关，是否值得获取。本书认为，知识激活主要包括四个方面：确认机会、追溯知识、评估有效性、提供激励（表5-3）。

表5-3 技术学习惯例——知识激活阶段

知识激活阶段	知识激活行为
寻找机会利用企业已保存的技术知识	鼓励技术人员轮岗 在企业内部组织研讨会共享技术知识 在企业内部公开在研技术项目相关信息
追溯企业已保存的技术知识	定期查阅企业积累的前期技术文档和资料
在重新利用那些前期积累的技术之前，组织专家评估其可靠性和有效性	
提供激励措施，以鼓励员工挖掘尚未充分利用的已有技术和知识	

首先，寻找机会利用企业已保存的技术知识。Garud 和 Nayyar（1994）认为，技术供应和市场需求诱因促使了商业机会的辨别，供应诱因源自不同知识偶然的交互（Graham，1988），需求诱因源自市场状况更利于使用储存的知识。

进一步地，El Sawy 和 Pauchant（1988）指出，企业可以采取消极或者积极的方式去辨别诱因。就消极方式而言，问题的发生是诱因。就积极方式而言，企业会展开探索性活动。Daft、Sormunen 和 Parks（1988）认为，与低绩效企业相比，高绩效企业在战略不确定性情况下扫描更加频繁。Lenz 和 Engledow（1986）指出，企业可通过以下方式进行扫描从而发现机会：企业监控、头脑风暴、研讨会、信息服务、参加商业委员会。

此外，辨别机会的另一种方式在索尼公司得以运用，该公司认为最好的技术人员通常愿意在产品团队中轮岗，并尝试以往未曾研究过的技术（Garud & Nayyar, 1994）。索尼公司还组织年度研讨会作为辨认诱因从而激活知识的途径，在该研讨会上，企业的工程师和科学家共同参与，交流不同业务部门之间的思想和创意，促进了索尼进行产品创新的持续性（Schlender, 1992）。在新泽西的 NEC 研究所中，设置有公告板随时公布最新的研究主题（Weber, 1992）。日立公司的研发人员在技术会议上进行交流，并非正式地向董事会建议重要的技术研发（Gross, 1992）。

基于此，本研究确认了三种确认机会的主要方式：技术人员轮岗、在企业内部组织研讨会共享技术知识、在企业内部公开在研技术项目。这三种方式有效地促进了技术人员之间的交流和对企业内部技术环境的把握，从而使得他们能够辨别潜在的商业机会，利用企业已保存的技术知识。

其次，在辨别机会之后，要对储存的知识进行追溯。当激活以往未曾使用的知识或技能时，企业面临一定的困难（Argote, Beckman & Epple, 1990）。此时，知识目录的可获得性对于知识激活很重要（Garud & Nayyar, 1994）。因此，定期查阅企业积累的前期技术文档和资料是一种有效追溯知识的方式。

再次，评估知识的可靠性和有效性。当激活知识时，以往存储的知识需要适应变化了的环境，也就是说，不同空间和文化的知识传递需要进行一定调整，以适应主导的社会、政治和经济状态（Teece, 1986）。个体在追溯知识的过程中，可能会对储存的知识做出不同的解释，即进行再创造（Rogers, 1995），再创造会降低知识的可信度（Levitt & March, 1988），因此，被激活的知识在使用之前需要进行可信性评估（Garud & Nayyar, 1994），以确保其有效性。

最后，企业应采取激励措施，鼓励员工挖掘尚未充分利用的已有技术和知识。如上所述，如果现有激励体系仅针对新知识的研发，企业的员工将缺少动力进行知识激活。因此，企业需要制定激励体系，鼓励员工采取知识激活活动，充分利用企业内部储存的技术和知识。

(4) 知识转化

在激活相关知识之后，企业需要将激活的知识与现有知识进行整合，进行创新或解决问题（表 5-4）。

表 5-4　技术学习惯例——知识转化阶段

知识转化过程	知识转化行为
组建研发团队	为了重新利用企业前期已开发的技术，组建研发团队 不断地挖掘不同技术领域或业务领域之间的整合机会
促进知识跨部门以及在部门内部的流动	不同职能部门基于研发项目进行会面讨论 拥有技术专家，他们能够促进职能部门之间与研发相关的非正式沟通和交流 在研发过程中使用仿真、产品模型、绘图等方法促进不同部门之间的沟通

首先，需要建立起相关的研发团队，将知识的转化提上日程。建立正式或非正式的研发团队有助于分享个体的缄默知识（Figueiredo，2003），提高知识转化的效率。在此过程中，企业应当不断挖掘不同技术领域或业务领域之间的整合机会，以有效利用企业存储的技术知识。

其次，需要促进知识在不同部门之间或者部门内部的流动，防止知识转化出现瓶颈。Carlile 和 Rebentisch（2003）在其研究中对这一方面进行了详细的阐述，他指出知识转化主要跨专业（cross specialization）或者在专业内部（within specialization）进行，其瓶颈在于专家缺少跨领域的共同知识，从而无法理解彼此的观点。解决这一瓶颈需要建立起共同的语言或共享的方法进行协商和权衡，使得不同领域的专家在共享情境下以一种有形的形式呈现差异和依赖性。建立起有效共享情境的关键是通过跨界物体（boundary objects）（Star，1989）来表现知识。有效的跨界物体建立了代表知识的共享语言，提供了学习差异的方法，促进了知识转化的过程。如果没有这些跨界物体的存在，一些参与者可能会放弃或者阻碍知识整合进程。

具体地，Carlile 和 Rebentisch（2003）对两家企业 A 和 B 进行了案例调查，他们指出，A 企业的跨界物体和过程包括产品样品、工艺硬件、生产设施试验，其中最常见的方式是上门拜访，其使得合作者可以培养起共享的情境和语言，从而确定关键的知识和伴随其的相互依赖性；B企业主要使用实时更新的装配绘图使得生产和设计工程师可以有效沟通。

此外，当跨边界的知识转化问题得以解决后，专业内的知识转化仍可能存在瓶颈。此时，可使用模型、仿真、绘图等进行沟通促进专业内知识的整合（Carlile & Rebentisch，2003）。

基于此，本书确认了三种促进知识在不同部门之间以及部门内部流动的方式：不同职能部门之间基于研发项目进行会面讨论；拥有技术专家，他们能够促进职能部门之间与研发相关的非正式沟通和交流；在研发过程中使用仿真、产品模型、绘图等方法促进不同部门之间的沟通。

第三节 知识属性与创新绩效

一、知识缄默性与创新绩效

本书认为，知识缄默性从以下两个方面影响企业的技术创新绩效。

首先，知识缄默性阻碍模仿，从而有助于维持企业的绩效（Conner & Prahalad，1996；Reed & DeFillippi，1990）。由于显性知识易于为人所知，重视隐性知识的企业更有可能获取竞争优势（Kikoski C & Kikoski J，2004）。企业具备的技术知识缄默性越高，其员工越难将相关信息偷漏给供应商、客户或同行；竞争者也难于评估个体缄默知识的价值，通常这些知识只在特定的情境下发挥作用（McEvily & Chakravarthy，2002）。缄默知识一般与某一特定问题有关（Ragna Seidler-de & Evi，2008），主要通过社会网络获取（Imai，1991）。个体缄默知识一般无法获取，除非企业雇用该员工；集体缄默知识通常嵌入在组织内部，轻易无法模仿（Ragna Seidler-de & Evi，2008）。就缄默知识而言，编码化程度越低，个体和企业进行吸收的难度也越大（Cohen & Levinthal，1990）。缄默性是影响知识传递难易程度的关键知识维度（Szulanski，1996b；Zander & Kogut，1995）。

其次，基于缄默知识形成的直觉对组织的创新决策和研发过程至关重要。许多管理者依靠直觉进行正确的决策，缄默知识有助于组织创造新知识、开发新产品、改善新的商业流程，组织应创造适当的条件，鼓励员工贡献他们的缄默知识，以形成企业的竞争优势（Kikoski C & Kikoski J，2004）。Howells（1996）指出直觉在创新的过程中扮演了重要的角色，这表明对于特定工艺或产品的开发、改进，更为重要的知识是隐性知识。

综上所述，本研究提出以下假设。

假设7：知识缄默性对企业的技术创新绩效有显著的正向影响，即知识缄默性越强，企业的技术创新绩效越高。

二、知识异质性与创新绩效

企业积累知识的过程是复杂的、路径依赖的，从而导致了企业的异质性（Dosi，1997）。企业之间合作的主要动机是获取合作方的知识和能力（Hamel，1991），而这一动机则主要来源于企业之间知识基础的异质性（Dosi，Nelson & Winter，2000）。

本研究认为，知识异质性通过多样化知识促进企业的技术创新绩效（Milliken & Martins，1996；Pelled，Eisenhardt & Xin，1999）。Nooteboom、van Haverbeke、Duysters 等（2007）指出，企业之间的知识异质性或认知距离可以给企业的技术学习带来多样性的内容和新价值。当任务复杂性较高时，知识多样性尤为有用，其可能帮助管理者建立起复杂系统各元素背后的因果逻辑，从而使项目取得成功（McGrath，Tsai，Venkataraman et al.，1996）。Hargadon 和 Sutton（1997）指出，加利福尼亚的一家产品研发企业有意利用异质知识产生新创意。相似地，Rodan 和 Galunic（2004）对欧洲电信行业 106 名管理者进行问卷调查，他们指出管理者的创新绩效与其社会网络中知识异质性正相关。进一步地，Grant（1996）认为，如果两个人拥有一样的知识，知识整合将不会有收益；如果两个人的知识基础完全不同，知识整合则基本无法发生。因此，当企业之间存在一定知识异质性时，知识整合将会获益，从而有助于技术创新绩效的提高。

综上所述，本研究提出以下假设。

假设8：知识异质性对企业的技术创新绩效有显著的正向影响，即知识异质性越高，企业的技术创新绩效越高。

第四节 技术学习惯例的中介作用

产业集群的成功取决于扩散的知识、组织学习，以及灵活的生产方式（Albino, Garavelli & Schiuma, 1998）。知识在促进创新、经济增长和发展中发挥了关键的作用，其促进了企业能力和绩效的提升（Howells, 2002）。现有研究开始关注知识特性、知识获取和整合如何通过组织转化影响创新能力的培养（Nonaka, 1994; Spender & Grant, 1996）。具体地，本研究关注知识属性如何通过技术学习惯例影响企业创新绩效。

一、技术学习惯例与创新绩效

1. 技术学习惯例强度与创新绩效

本书认为，技术学习惯例强度从以下三个方面影响企业的技术创新绩效。

首先，技术学习惯例强度有助于提升企业技术能力。Figueiredo（2003）在其研究中指出，技术学习过程的强度影响企业间技术能力积累的差异，从而影响企业之间绩效的不同。强度指的是企业进行创造、升级、使用、改进、增强学习过程的努力程度。强度之所以重要是因为：它确保了企业持续地获取外部知识（Leonard-Barton, 1992）；它使得企业或个体更好地理解获取的知识和内部知识获取中的相关原则（Huber, 2009）；它确保了个体学习与组织学习之间的转化，从而形成相关惯例（Bessant & Francis, 1999）。此处技术学习过程的强度类似于技术学习惯例的强度，因此可认为技术学习惯例强度有助于企业技术能力的提升。

其次，技术学习惯例强度促进组织内部研发相关活动的协调。以往研究强调了组织惯例可促进协调（Dosi, Nelson & Winter, 2000; Nelson & Winter, 1982），惯例对协调的作用体现在以下几个方面：使他人形成关于某人行为的预期，稳定的行为为参与者进行决策建立了基础（Simon，1950）；使团队的实践具有常规性、统一性、系统性（Bourdieu，1995）；使组织成员同时采取的行动更加一致（March & Olsen，1989）。Knott 和 McKelvey（1999）对美国的快速印刷行业进行了实证研究，结果表明，惯例有助于企业的协调和控制。相似地，Segelod（1997）通过对瑞典企业投资手册的研究，指出标准及标准化的惯例影响控制及协调。进一步地，Becker（2005）在其研究中提出经常性交互模式即惯例的频率越高，组织存在的协调问题越少，其中经常性交互模式频率指的是某一时间段内同一交互模式重复的程度。随着经常性交互模式频率的提高，组织内部成员对彼此的理解有所增加（Feldman & Rafaeli，2002），组织内部建立起共同的思维方式，知识存储更有可能融合，形成了共同工作的凝聚力（Anand，Clark & Zellmer-Bruhn，2003）。因此，组织成员之间的行为更加容易预测，有利于彼此之间的协调（Becker，2005）。Gittell（2002）对惯例的绩效进行了分析，结果表明，惯例通过关系协调影响绩效。基于此，可认为技术学习惯例强度通过促进企业内部关于研发活动的协调提高创新绩效。

最后，技术学习惯例强度有助于节约组织有限的认知资源。组织的认知资源是有限的（Simon，1950），注意力需要有选择地分配（Cyert & March，1963）。惯例可以节约组织成员分配在信息处理和决策制定上的认知资源（Gersick & Hackman，1990）。经常性行为模式的频率较高时，学习效应可以累积（Argote，Beckman & Epple，1990），相应地，任务的完成过程中可以投入更少的认知资源（Becker，2005）。此时，组织的注意力可聚集在非惯例的事件上，从而更好地利用有限的能力（Cyert & March，1963）。因此，组织可以把有限的认知资源分配在产品研发的关键环节，从而促进创新绩效的提高。

2. 技术学习惯例多样性与创新绩效

本书认为，技术学习惯例多样性从以下两个方面影响企业的技术创新绩效。

首先，技术学习惯例多样性有助于提升企业的技术能力。企业需要多种能力获得和维持竞争优势（Dosi，1988；Zander & Kogut，1995），多样化的学习过程有助于企业构建这些能力。Figueiredo（2003）指出，企业内部的学习过程包括外部知识获取、内部知识获取、知识社会化、知识编码四个阶段，其在研究中提出了企业内部技术学习过程特征的差异通过企业间技术能力积累的差异影响企业间技术经济绩效差异的概念模型，其中企业内部技术学习过程的特征包括多样性（variety）、强度（intensity）、功能性（functioning），技术学习过程的多样性指的是不同类型技术学习过程的存在。基于对比性案例研究，他指出进行案例研究的两家企业技术能力积累的路径有所差异，其中企业内部学习过程的特征起到了显著的作用。技术能力有助于提升企业的创新绩效。Nelson和Winter（1982）指出，能力是行业内企业之间绩效差异的主要来源。相似地，Dosi（1988）指出，企业间绩效的差异由技术能力积累的差异性引起。Bell、Hobday、Abdullah等（1996）强调，对于后发企业而言，其竞争优势的积累取决于它们积累起技术能力的速度。进一步地，Figueiredo（2002）对巴西的两家钢铁企业进行了案例研究，结果表明，两家企业的技术能力积累路径存在差异，它们运营绩效的差异与技术能力积累路径的差异紧密相关。

其次，技术学习惯例的多样性有助于企业适应动态的技术环境。技术环境动态性指的是与新产品相关的技术变化的程度（Glazer & Weiss, 1993；Jaworski & Kohli, 1993）。快速变化的环境改变了企业原有的竞争优势及能力基础（Gnyawali & Madhavan, 2001），降低了前期学习的价值，使得企业需要搜寻和处理更多关于环境的信息（Weiss & Heide, 1993），以应对非结构化问题。当技术环境稳定时，企业所形成的技术学习惯例足以解决企业在产品、工艺研发中的任务和难题，推动创新的发展。当技术环境较为动荡时，企业将面临更多的非结构化问题，原有的技术轨道和知识难以解决新的非结构化问题（Glazer, 1991）。此时，企业需要针对技术环境的动态变化调整已有的技术轨道和技术学习惯例。但惯例是组织内部经常性的交互模式（Becker, 2005），其具有经常性、集体性、过程性的特点（Becker, 2004），也就是说，惯例具有一定的稳定性，它的形成和调整需要足够的时间和充分的过程。技术环境变化越快越大，对技术学习惯例所需做出的调整和改变也要越快越大。Smart和Vertinsky（1977）也指出，当环境动态性较大时，对于惯例性任务，企业需要进行更快的决策制定、更强的监督控制，以及组织内部更多的沟通。但在实际情境下，这一调整无法或者很难完成。如果企业内部存在多样的技术学习惯例，就可更好地适应动态的技术环境，针对面临的非结构化问题调动更多的资源，更有效率地去提

第五章　知识属性对创新绩效作用机制模型的构建

供解决方案。

二、技术学习惯例对知识缄默性与创新绩效关系的中介

在获取外部知识阶段，缄默知识一般通过特定渠道可有效传递。缄默知识难于编码，通常为个体所有，是个体在实践和经验中积累起来的难以言传的知识。缄默知识通常在个体层面进行有效传递，主要通过面对面沟通、工作实践、人员流动等方式（Breschi & Lissoni，2001b）获取。基于此，当知识缄默性较高时，企业主要通过聘请人才、与供应商和用户进行互动、与高校和研发机构进行互动获取外部知识。

在选择知识进行存储时，一方面，知识缄默性增加了知识的模糊性（Garud & Nayyar，1994），模糊性使得组织成员对于知识未来的战略价值存在多重且矛盾的观点（Daft & Lengel，1986）。由于缄默知识是个体层面的知识，包含于个体的教育经历、自然天赋、经验和判断之中（Kikoski C & Kikoski J，2004），此时，企业需要使用丰富的媒介在个体层面如管理者中就技术的潜力交换观点和意见（Garud & Nayyar，1994），主要包括面对面交流、邮件、电话等方式。另一方面，知识缄默性增加了知识的不确定性（Garud & Nayyar，1994）。这是因为，当知识缄默性较高时，需要的信息和可获得的信息之间存在差距，导致无法获得关于今后需求、供应状况、竞争者行动的完整信息，从而引发了不确定性（Daft，Sormunen & Parks，1988）。企业通过收集更多的数据来应对不确定性，它们会使用不同的规则和程序、正式信息系统、专门的研究、正式计划机制收集和处理关于知识今后战略价值的数据，以做出知识存储的决策（Daft & Lengel，1986）。此时，企业会同时收集与该技术相关的市场需求、竞争者动态信息，业务部门与研发部门共同决定哪些技术对于企业是重要的，在决策的过程中通过多种渠道（如面对面交谈、邮件、电话等）进行沟通，获取尽可能多的信息以消除不确定性。

在存储知识的过程中，为组织创造记忆的过程随着知识的维度而变化（Garud & Nayyar，1994）。当知识易于阐述时，仅需对其进行编码，可通过对文件和设计图的保存来完成（Foster，1971）。相反，当知识缄默性较高时，储存的难度也更大，需要保留核心员工以保存缄默知识（Wilson & Hlavacek，1984）。

在激活知识的过程中，储存的知识无论是隐性的还是显性的都需要转化为可使用的形式（Lindblom & Cohen，1979），知识缄默性增加了辨认激活机会的难度。在辨认激活机会时，需要考虑缄默知识的高度私人性特征以充分辨别技术供应和市场需求诱因（Garud & Nayyar，1994）。与显性知识相比，辨认隐性知识激活机会的难度更大。因此，企业会使用多种方式辨认激活机会，包括鼓励技术人员轮岗、在企业内部组织研讨会共享技术知识、在企业内部公开在研技术项目相关信息。对于隐性知识而言，知识激活尤其需要通过干中学（Arrow，1962）和用中学（Rosenberg，1982）进行。

在知识转化阶段，缄默性增加了知识的模糊性。技术系统缄默性越强，产生的模糊性越高（Reed & DeFillippi，1990）。为了消除知识传递过程中的模糊性，企业会通过多种方式促进知识在不同部门之间的流动，包括：不同职能部门基于研发项目进行会面讨论；拥有技术专家，他们促进职能部门之间与研发相关的非正式沟通和交流；在研发过程中使用仿真、产品模型、绘图等方法促进不同部门之间的沟通。而由于缄默知识具有高度私人性特征，难于正式化（Nonaka & Takeuchi，1991），此时前两种方式更为重要。

综上所述，缄默性促进企业内部知识管理不同阶段特定技术学习惯例的使用，相应地，本书认为知识缄默性促进了技术学习惯例的强度以及技术学习惯例的多样性，通过技术学习惯例作用于企业创新绩效。基于此，本书提出以下假设。

假设9：技术学习惯例强度在知识缄默性影响创新绩效的机制中起部分中介作用。

假设10：技术学习惯例多样性在知识缄默性影响创新绩效的机制中起部分中介作用。

三、技术学习惯例对知识异质性与创新绩效关系的中介

在获取外部知识的过程中，知识异质性减少了知识传递双方的共同知识（Reagans & McEvily，2003）和前期经验（Simonin，1999），增加了知识传递的难度，因此，在有限的精力和资源下，企业倾向于有针对性地选取适合的知识传递渠道获取外部知识，以提高知识传递效率。

在选择知识进行存储阶段，知识异质性使得企业依赖于外部信息进行判断。由于企业缺乏相关知识基础，因此难于根据以往经验做出决策。此时，企业倾向于通过收集与该技术相关的市场需求、竞争者动态信息来判断技术的市场前景。

在存储知识的过程中，企业倾向于选择将知识以编码化的方式进行存储。一方面，异质知识的使用机会不多，企业难于判断其未来的战略价值（Daft & Lengel，1986），此时组织不会对异质知识花费过多成本；另一方面，编码知识易于储存、激活，更为稳定，可显著降低知识获取的成本（Prencipe & Tell，2001）。因此，企业倾向于选择将知识以编码化的方式进行存储，即保存与技术相关的文件和设计图。

在激活知识的过程中，企业可能选择公开在研项目相关信息的方式确定激活机会。本研究认为企业会采取消极的方式（El Sawy & Pauchant，1988）辨别激活异质知识的机会，也就是说，通常直到问题发生，才会去利用相关异质知识。在问题发生之前，企业试图激活异质知识的行为只限于公开在研项目相关信息。这是因为，与鼓励技术人员轮岗、在企业内部组织研讨会共享技术知识相比，公开信息的方式更为便利和节约成本。

在转化知识的过程中，知识异质性限制了知识在不同部门之间流动的方式。由于企业大多数成员缺乏与异质知识相关的研发经验，因此，个体层面的交流和研讨受到限制。在前期已存储相关编码知识的基础上，企业内部成员之间倾向于通过利用模型、仿真、绘图等直观易懂的方法促进知识在不同部门之间的流动。

基于此，本研究认为，当知识异质性较高时，企业倾向于在知识管理的不同阶段采取特定的技术学习惯例，即知识异质性增加了技术学习惯例的深度，相对地，其降低了技术学习惯例的多样性。进一步地，知识异质性通过技术学习惯例影响企业创新绩效。

综上所述，本研究提出以下假设。

假设11：技术学习惯例强度在知识异质性影响创新绩效的机制中起部分中介作用。

假设12：技术学习惯例多样性在知识异质性影响创新绩效的机制中起部分

中介作用。

第五节 本章小结

本章针对本书的第二个研究问题"知识属性如何通过决定企业的技术学习惯例,从而对企业创新绩效产生影响?"构建理论模型,并提出相关理论假设。具体而言,本章关注了以下两个方面:①技术学习惯例的形成过程,并在组织内部知识管理的不同阶段基础上,构建技术学习惯例;②知识缄默性、异质性如何通过技术学习惯例影响创新绩效。通过对现有研究的梳理和归纳,本章形成了以下研究假设(表 5-5)。

表 5-5 知识属性对创新绩效的作用机制相关假设

假设序号	假设具体描述
假设 7	知识缄默性对企业的技术创新绩效有显著的正向影响
假设 8	知识异质性对企业的技术创新绩效有显著的正向影响
假设 9	技术学习惯例强度在知识缄默性影响创新绩效的机制中起部分中介作用
假设 10	技术学习惯例多样性在知识缄默性影响创新绩效的机制中起部分中介作用
假设 11	技术学习惯例强度在知识异质性影响创新绩效的机制中起部分中介作用
假设 12	技术学习惯例多样性在知识异质性影响创新绩效的机制中起部分中介作用

第六章
知识属性对创新绩效作用机制的实证研究

本书第五章提出了知识属性通过技术学习惯例影响企业创新绩效的概念模型与研究假设。在此基础上，本章将通过大样本问卷调查收集数据，利用科学的实证研究方法对假设进行验证。具体而言，本章将对实证研究涉及的问卷变量测度、分析方法及过程进行详细说明。

第一节　变量测度与研究方法

研究方法主要涉及对问卷设计、变量测度、数据收集、分析方法的阐述，由于研究问题二的问卷与研究问题一的问卷是合并发放的，问卷设计与数据收集的过程与研究问题一是一致的（详见第四章第一节），本节不再复述。本节主要针对变量测度与分析方法两部分做相应的补充和阐述。

一、变量测度

本研究的解释变量为知识缄默性与知识异质性，中介变量为技术学习惯例强度与技术学习惯例多样性，被解释变量为创新绩效，控制变量为企业规模、年龄及行业类型。其中解释变量知识缄默性与知识异质性、控制变量企业规模、年龄以及行业类型的题项测度已在研究问题一中详细阐述过（见第四章第一节），本部分将对本研究涉及的中介变量、被解释变量所采用的测度进行具体说明。本研究的变量测度主要参考国内外相关研究中成熟的题项，部分由笔者根据权威文献整理而成。

1. 中介变量

现有关于惯例的研究大多采用的是定性研究方法，定量研究较为缺乏（Becker，2005）。本研究基于经典文献，将企业获取外部知识后的知识管理过程区分为知识获取、知识存储、知识激活、知识转化四个阶段，并总结出各个阶段技术学习惯例的具体行为表现（表6-1）。请被试根据企业实际情况（过去3年），基于Likert七点量表对这34种技术学习惯例行为在企业技术/产品开发中的重要性进行评价，并设置了0-1量表请被试对这34种技术学习惯例行为在企业技术/产品开发中的系统性进行评价，其中0代表无系统性，1代表有系统性。考虑到惯例的重复性和经常性（Becker，2005），本研究认为只有存在系统性的行为是企业内部的技术学习惯例，因此在技术学习惯例强度和多样性的具体测度中只考虑存在系统性的技术学习惯例行为。

表6-1 变量测度——技术学习惯例

过程	机制	行为	来源或依据
知识获取	聘请人才	招聘刚毕业的大学生作为工程技术人员 招聘有经验的工程师	Power & Lundmark, 2004; Casper, 2007; Harabi, 1997; Chen, 2009; Figueiredo, 2003; Yamawaki, 2002; von Hippel, 1988; Bell & Albu, 1999; Sandee, 1995; Nadvi, 1996; Mazzoleni & Nelson, 2007; Owen-Smith, Riccaboni & Pammolli, 2002; McEvily & Zaheer, 1999
	引入编码化知识	从技术出版物中获取技术知识 从专利公告披露中获取技术知识 从技术性会议中获取技术知识 从行业性展览会上获取相关技术信息和知识	
	培训	参加商会或行业协会提供的技术培训 去本行业内先进企业开展技术性访问 鼓励技术人员接受再教育（如硕士、博士课程）/专业性技术培训（如硕士、博士课程）	
	与供应商和顾客进行互动	在解决关键客户或特殊用户的技术需求和技术问题过程中获得想法 在接触供应商员工的过程中获得想法或技术 从大客户（或上游厂商）处获取技术指导与培训	
	与高校或研发机构进行互动	与高校或研发机构的合作研发 遇到技术问题，向高校或研发机构咨询 在接触高校或研发机构人员的过程中获得想法或技术	

续表

过程	机制	行为	来源或依据
知识存储	选择要保存的技术知识	收集与该技术相关的市场需求、竞争者动态信息 业务部门与研发部门共同决定哪些技术对于企业是重要的 在决策的过程中通过多种渠道（如面对面交谈、邮件、电话等）进行沟通	Levitt & March, 1988; Garud & nayyar, 1994; Breschi & Lissoni, 2001a; Tan, Teo, Tan et al., 1998; Maryam & Dorothy, 2001; Argyris & Schön, 1978; Walsh & Ungson, 1991; Brown & Duguid, 1991; Gupta, 1989
	保存知识	对于关键性技术，将拥有该类技术知识的关键员工留在企业 对产品开发相关的文件和设计图等进行完善的保存和归档 对于企业归档的产品开发相关的文件和技术资料，我们可以很容易地查询和使用	
	对于已保存的技术知识，编制目录		
	对员工提供激励，以支持技术文档的保存和分享		
知识激活	寻找机会利用企业已保存的技术知识	鼓励技术人员轮岗 在企业内部组织研讨会共享技术知识 在企业内部公开在研技术项目相关信息	Daft, Sormunen & Parks, 1988; Lenz & Engledow, 1986; Garud & Nayyar, 1994; Gross, 1992; Argote, Beckman & Epple, 1990; Teece, 1986; Rogers, 1995
	追溯企业已保存的技术知识	定期查阅企业积累的前期技术文档和资料	
	在重新利用那些前期积累的技术之前，组织专家评估其可靠性和有效性		
	提供激励措施，以鼓励员工挖掘尚未充分利用的已有技术和知识		
知识转化	组建研发团队	为了重新利用企业前期已开发的技术，组建研发团队 不断地挖掘不同技术领域或业务领域之间的整合机会	Figueiredo, 2003; Carlile & Rebentich, 2003; Star, 1989
	促进知识跨部门以及在部门内部的流动	不同职能部门基于研发项目进行会面讨论 拥有技术专家，他们能够促进职能部门之间与研发相关的非正式沟通和交流 在研发过程中使用仿真、产品模型、绘图等方法促进不同部门之间的沟通	

115

本研究对技术学习惯例强度和多样性的测度参照第四章第一节中对于技术学习策略深度与广度的测度方法。

就技术学习惯例强度而言，本研究首先分别求得知识获取、存储、激活、转化四个阶段下技术学习惯例（存在系统性的行为）的均值，然后对这四个阶段的均值进行平均，以四个阶段均值的均值度量技术学习惯例的强度。

就技术学习惯例多样性而言，本研究首先分别计算知识获取、存储、激活、转化四个阶段下技术学习惯例（存在系统性的行为）的熵值（entropy index），然后对四个阶段的熵值进行平均，以四个阶段熵值的平均值度量技术学习惯例的多样性。如前所述，熵值一般应用于测度企业多元化经营程度（Jacquemin & Berry，1979），具体而言，熵值计算公式如下所示。在本研究中，P_i代表某一知识管理阶段中，第i种技术学习惯例得分占该阶段所有技术学习惯例得分和的比例。

$$\text{DT} = \sum_{i=1}^{n} P_i \ln\left(\frac{1}{P_i}\right), \sum_{i=1}^{n} P_i = 1, i = 1,2,3,\cdots,n \tag{6-1}$$

将表6-1与表4-1进行对比可知，表6-1中知识获取阶段的惯例行为与表4-1的知识获取渠道相似，但本研究仍分别对技术学习策略和技术学习惯例进行测度，这是由于以下三点原因：①技术学习策略反映的是一种规则，而技术学习惯例则是基于规则的行为模式（Reynaud，2005），两者存在本质区别；②技术学习惯例包含了四个阶段的具体行为，基于这四个阶段的测度不同于基于知识获取渠道对技术学习策略的测度；③本书基于表6-1中所列举行为的重要性和系统性对技术学习惯例进行测度，基于表4-1中所列举知识获取渠道的使用频度对技术学习策略进行测度，两者的侧重点存在区别。

2. 被解释变量

现有研究对于企业技术创新绩效的测度主要基于两种方法：①客观数据；②量表测度。

就第一类测度而言，Rothaermel和Alexandre（2009）通过企业在2000~2003年被授予的专利总数测度企业创新性。Leiponen和Helfat（2010）设置了两个变量测度创新绩效，第一个变量为0-1变量，用于测度企业于1996~1998年是否进行技术创新，第二个变量则请被试填写技术创新产品的销售额占销售总额的比例。相似地，Laursen 和 Salter（2006）设置了三个代理变量测度企业创新绩效，第一个变量为对于世界而言全新的产品的营业额占企业营业总额的比例，第二个变量为对于企业而言全新的产品的营业额占营业总额的比例，第三个变量为显著改进产品的营业额占营业总额的比例。进一步地，Tsai（2001）利用创新实现率来测度业务单位的创新绩效，即特定一年中新产品数目占业务单位创新目标数的比例。

就第二类测度而言，Zhang 和 Bartol（2010）设置了以下五个题项测度企业创新绩效，请被试回答它们与主要竞争对手相比成功的程度：频繁地开发新产品、在市场上第一个引进新产品、在市场上很快引进新产品、开发高质量的新产品、使用新产品占领市场。Bell（2005）请行业专家对以下三个题项打分以测度企业的创新绩效：企业在行业中引进新产品的表现、引进新服务的表现、采用新技术的表现。彭新敏（2009）基于 Likert 七点量表打分法，请企业人士对以下五个题项进行主观评分，进而测度企业创新绩效：新产品数、申请的专利数、新产品产值占销售额的比重、新产品的开发速度、创新产品的成功率。郑素丽（2008）基于 Likert 七点量表打分法，通过以下九个题项对企业创新绩效进行测度：申请的专利数、新产品数、新产品的新颖程度、新产品开发速度、新产品引入市场的成功率、新产品销售收入占企业销售收入的比重、质量提高率、成本降低率、产品的附加值率。

基于上述文献，本书采用 Likert 七点量表打分法，设置了五个题项对企业技术创新绩效进行测度，具体测度如表 6-2 所示。

表 6-2　变量测度——创新绩效

测度题项	来源或依据
来自新产品的销售额不断上升	Bell, 2005；Laursen & Salter, 2006；Leiponen & Helfat, 2010；Rothaermel & Alexandre, 2009；Tsai, 2001；Zhang & Bartol, 2010；彭新敏，2009；郑素丽，2008
来自新产品的利润不断上升	
专利申请数量不断增加	
新产品达到了预期的利润目标	
我们比行业竞争对手更快地推出新产品	

二、分析方法

本书通过问卷调查收集数据，拟采用描述性统计、信度与效度检验、相关分析、结构方程建模对数据进行统计分析。本研究采用 AMOS 7.0 软件用于效度检验以及结构方程建模。描述性统计分析、相关分析、信度与效度检验在本书 4.1.4 小节已进行说明，此处不再复述，本节仅对结构方程建模方法进行阐述。

结构方程建模是基于变量的协方差矩阵分析变量之间关系的统计方法（侯杰泰，温忠麟和成子娟，2004）。其具备可同时处理多个被解释变量、容许解释变量和被解释变量包含测量误差等优点（Bollen & Long, 1993）。在知识属性对创新绩效作用机制研究中，知识缄默性、异质性、技术学习惯例强度与多样性以及创新绩效这些变量主观性较强、难以直接度量（郑素丽，2008），本研究采用结构方程模型进行实证分析。

一般而言，结构方程分析包括模型建构、拟合、评价及修正四个阶段（侯杰泰，温忠麟和成子娟，2004）。在模型评价阶段，需检视多个不同类型的整体拟合指数，如 χ^2/df、RMSEA、CFI、TLI 等，以衡量模型的拟合程度；在模型修正阶段，可参考结构方程模型输出的模型修正指数和残差矩阵（侯杰泰，温忠麟和成子娟，2004）。

本书拟同时运用绝对拟合指数与相对拟合指数进行模型评价，包括 χ^2/df、RMSEA、CFI、TLI、IFI 五类指标，具体评价标准在本书第四章第一节中已给出，此处不再复述。

第二节 知识属性对创新绩效作用机制的分析

本章已对拟采用的实证研究方法进行了简要归纳，本节将对样本数据依次进行信度与效度检验、相关分析、结构方程分析。由于研究问题二与研究问题一的问卷为合并发放的，两个研究问题的样本数据的描述性统计分析是一致的（详见第四章第二节），本节不再复述。此外，本研究的解释变量知识缄默性与知识异质性已在研究问题一中通过了信度与效度检验（第四章第一节），因此，本研究只针对被解释变量创新绩效进行信度与效度检验。

一、信度和效度检验

在信度和效度检验之前，本研究首先对共同方法偏差进行检验。笔者借 Podsakoff 和 Organ（1986）的做法，通过哈曼单因子检验方法（Harman one-factor method）检验本研究是否存在共同方法偏差。具体做法为将自变量、因变量涉及的所有量表题项放在一起进行因子分析，在未旋转时得到的第一个因子方差解释度为 38.720%，未出现单一因子方差解释度过高的情况，因此本研究不存在共同方法偏差问题。以下将对变量测度的信度和效度进一步检验。

1. 被解释变量

本研究中需要进行信度和效度检验的被解释变量为技术创新绩效，技术创新绩效的信度检验结果如表 6-3 所示，表中第一列所示为测度技术创新绩效的五个题项。在表 6-3 中，变量的 Cronbach's α 系数值大于 0.7。因此，可认为技术创新绩效的变量测度具备较好的内部一致性，通过信度检验。

表 6-3 技术创新绩效的信度检验结果（$N=231$）

题项（简写）	均值	标准差	题项-总体相关系数	Cronbach's α 系数
技术创新绩效 1：新产品的销售额不断上升	4.84	1.145	0.878	
技术创新绩效 2：新产品的利润不断上升	4.80	1.200	0.859	
技术创新绩效 3：专利申请数量不断增加	4.80	1.094	0.841	0.948
技术创新绩效 4：新产品达到预期的利润目标	4.79	1.101	0.846	
技术创新绩效 5：我们比竞争对手更快推出新产品	4.88	1.153	0.868	

下面对技术创新绩效进行验证性因子分析，测量模型与拟合结果如图 6-1 和表 6-4 所示。技术创新绩效的测量模型拟合结果表明，χ^2 值为 6.6，df 为 5，χ^2/df 的值为 1.32，小于 5；CFI、TLI、IFI 都大于 0.9；RMSEA 小于 0.08；各路径系数均在 $p<0.001$ 的水平上显著。因此，该模型的拟合效果较好，验证性因子分析通过，可见本书对技术创新绩效的测度是有效的。

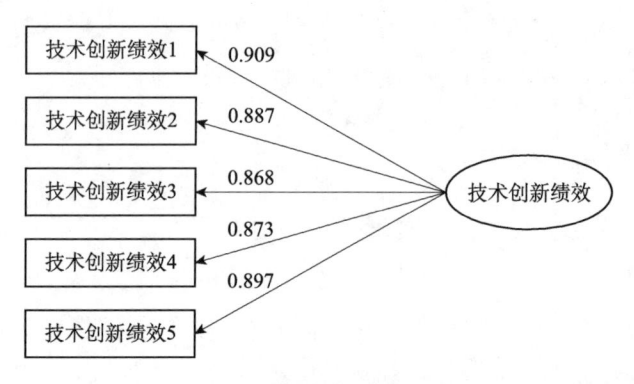

图 6-1 技术创新绩效测量模型

表 6-4 技术创新绩效变量测量模型拟合结果（$N=231$）

路径	标准化路径系数	非标准化路径系数	S. E.	C. R.	p
技术创新绩效 1←技术创新绩效	0.909	1.000			
技术创新绩效 2←技术创新绩效	0.887	1.023	0.049	20.898	***
技术创新绩效 3←技术创新绩效	0.868	0.912	0.046	19.807	***
技术创新绩效 4←技术创新绩效	0.873	0.923	0.046	20.073	***
技术创新绩效 5←技术创新绩效	0.897	0.994	0.046	21.467	***
χ^2	6.6	RMSEA	0.038	IFI	0.999
df	5	CFI	0.999		
χ^2/df	1.32	TLI	0.997		

*** 表示显著性水平 $p<0.001$。

二、相关分析

在进行结构方程分析之前，要进行相关分析，以考察不同变量之间的相关关系。如表 6-5 所示，控制变量行业类型、企业年龄与规模与被解释变量技术创新绩效存在显著的正相关关系；自变量知识缄默性与知识异质性、中介变量技术学习惯例的强度与技术学习惯例的多样性、因变量技术创新绩效之间大多存在显著的相关关系，在一定程度上初步支持了本研究的假设。接下来本研究将针对研究假设通过结构方程分析方法进行更为精确的检验。

三、结构方程分析

1. 初步数据分析

在分析样本数据之前，本研究首先检验数据的合理性和有效性。首先，就

表 6-5　描述性统计分析及变量间相关关系（$N=231$）

		均值	标准差	行业类型	企业年龄	企业规模	缄默性	异质性	技术学习惯例的强度	技术学习惯例的多样性	技术创新绩效
控制变量	企业年龄	18.298	11.812	0.245**	1	—	—	—	—	—	—
	企业规模	5.517	0.756	0.331**	0.161*	1	—	—	—	—	—
自变量	缄默性	5.134	0.877	0.374**	0.179**	0.159*	1	—	—	—	—
	异质性	3.658	1.122	0.085	0.022	−0.062	−0.150*	1	—	—	—
中介变量	技术学习惯例的强度	5.763	0.673	0.107	0.166*	0.247**	0.350**	−0.054	1	—	—
	技术学习惯例的多样性	1.591	0.327	0.215**	0.210**	0.311**	0.234**	−0.176**	0.414**	1	—
因变量	技术创新绩效	4.832	1.038	0.390**	0.258**	0.257**	0.288**	0.541**	0.282**	0.190**	1

*** 表示显著性水平 $p<0.001$（双尾检验）；** 表示显著性水平 $p<0.01$（双尾检验）；* 表示显著性水平 $p<0.05$（双尾检验）。

本研究而言，样本数量为 231 份，达到样本容量至少在 100～150 的要求（Ding, Velicer & Harlow, 1995）。其次，如表 6-6 所示，本研究对样本数据进行了偏度与峰度分析，结果表明，各变量题项的样本数据均符合偏度小于 2、峰度小于 5 的要求（Ghiselli, Campbell & Zedeck, 1981），进一步满足了样本为正态分布的要求。

表 6-6　样本数据的偏度和峰度检验

题项	偏度	峰度	题项	偏度	峰度
缄默性 1	−0.337	−0.353	技术学习惯例的强度	−1.106	1.200
缄默性 2	−0.540	0.612	技术学习惯例的多样性	−0.357	−0.643
缄默性 3	0.101	−0.440	技术创新绩效 1	0.064	−0.869
缄默性 4	−0.381	−0.185	技术创新绩效 2	0.171	−0.948
异质性 1	−0.209	−0.455	技术创新绩效 3	0.111	−0.752
异质性 2	−0.625	0.595	技术创新绩效 4	−0.044	−0.236
异质性 3	−0.607	−0.061	技术创新绩效 5	0.213	−0.751

2. 初始模型构建

如上所述，本研究的样本数据已通过信度和效度检验、相关分析、偏度和峰度检验，接下来将依据第五章所提出的知识属性对创新绩效作用机制的概念模型构建初始结构方程模型（图 6-2）。该模型设置了 7 个外生显变量（容易通过书面方式获取知识、容易通过交谈获取知识、技术人员对于经验非常依赖、企业有许多手册指导生产流程、企业之间产品上存在差异、企业之间生产设备上存在差异、企业之间生产流程上存在差异）测度 2 个外生潜变量（知识缄默性、知识异质性），通过 5 个内生显变量（新产品的销售额不断上升、新产品的利润不断上升、专利申请数量不断增加、新产品达到预期的利润目标、我们比竞争对手更快推出新产品）来测度 1 个内生潜变量技术创新绩效。由于技术学习惯例的强度与技术学习惯例的多样性是直接计算而得的，所以直接用内生显变量表示。此外，该模型还包括了 3 个控制变量（行业类型、企业年龄、企业规模）。

3. 模型初步拟合

本研究通过 AMOS 7.0 软件对上述结构方程模型进行分析，结果如表 6-7

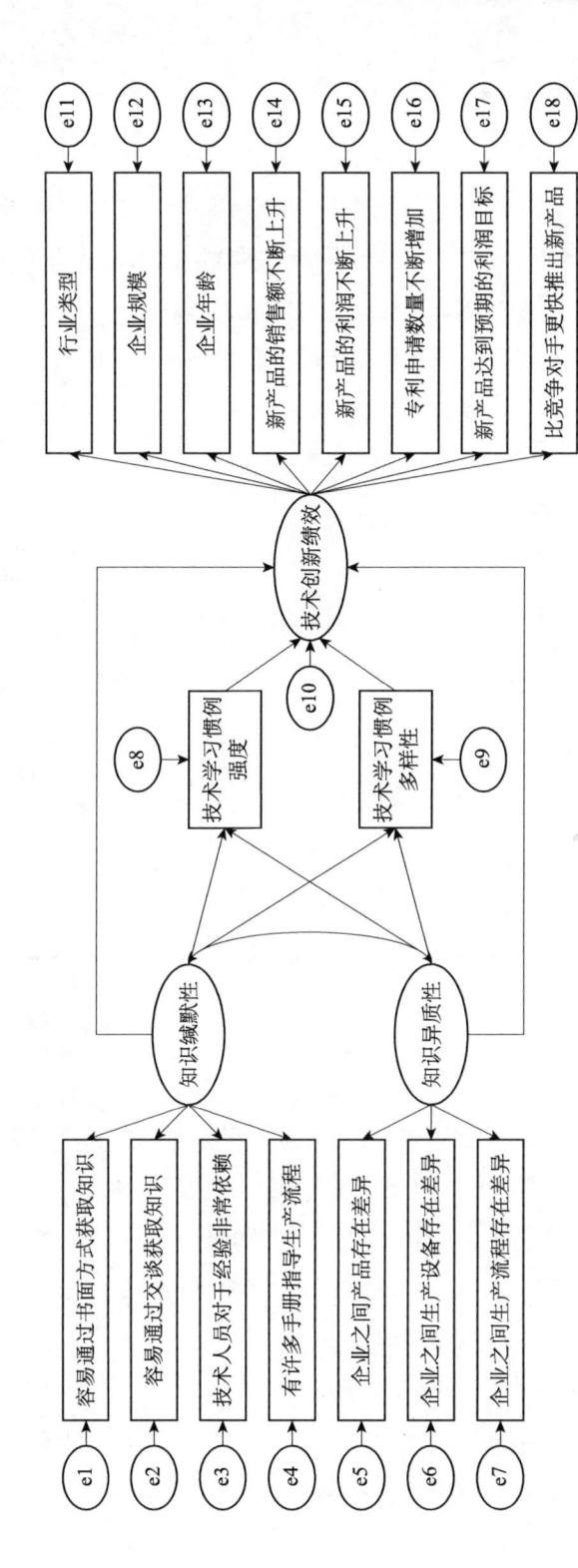

图6-2 基于概念模型的初始结构方程

所示。拟合结果表明，初始结构方程模型的χ^2值为366.1，自由度df为112，χ^2/df值为3.269；RMSEA值为0.099，小于0.1；CFI、TLI、IFI的值分别为0.891、0.868、0.892，都小于0.9。上述拟合指标中，χ^2/df、RMSEA通过判定标准，但其他拟合指标均不符合判定标准。因此，初始结构方程未通过检验。由于大多数模型都无法一次通过检验、拟合成功（Hatcher，1994），因此本研究将对初始模型进行修正，试图得出拟合指标符合判定标准的模型。

表6-7 初始结构模型的拟合结果（$N=231$）

路径	标准化路径系数	非标准化路径系数	S.E.	C.R.	p
技术学习惯例强度←知识缄默性	0.374	0.325	0.061	5.348	***
技术学习惯例强度←知识异质性	−0.002	−0.001	0.034	−0.031	0.976
技术学习惯例多样性←知识缄默性	0.273	0.115	0.029	3.968	***
技术学习惯例多样性←知识异质性	−0.160	−0.042	0.017	−2.509	0.012
技术创新绩效←技术学习惯例强度	0.157	0.227	0.079	2.885	0.004
技术创新绩效←技术学习惯例多样性	0.109	0.325	0.158	2.049	0.040
技术创新绩效←知识缄默性	0.154	0.193	0.076	2.535	0.011
技术创新绩效←知识异质性	0.638	0.499	0.046	10.869	***
技术创新绩效←行业类型	0.175	0.339	0.097	3.487	***
技术创新绩效←企业规模	0.101	0.129	0.064	2.017	0.044
技术创新绩效←企业年龄	0.117	0.010	0.004	2.332	0.020
χ^2	366.1	RMSEA	0.099	IFI	0.892
df	112	CFI	0.891		
χ^2/df	3.269	TLI	0.868		

***表示显著性水平 $p<0.001$。

4. 模型修正与确定

如表6-8所述，初始模型分析没有通过拟合指标判定标准，本部分试图对初始模型进行修正，以获得拟合成功的最终结构方程模型。

对初始结构方程的修正主要基于修正指数和路径系数检验结果进行，常见方法为去掉修正指数最大的路径（许冠南，2008）以及路径系数未通过验证的参数路径（彭新敏，2009）。通常来讲，在$\alpha=0.05$的水平上，当参数路径的修正指数大于3.84时，可对该路径进行修正（侯杰泰，温忠麟和成子娟，2004）。

模型中修正系数最大的参数路径为行业类型←缄默性，行业类型←企业规模、行业类型←企业年龄的路径修正系数也较大。由于缄默性对技术学习惯例强度与多样性、技术创新绩效都存在显著影响，综合考虑，本研究首先删除行业类型控制变量。第一次修正后的模型拟合结果如表6-8所示。结果表明，修正结构方程模型的χ^2值为269.5，自由度df为97，χ^2/df值为2.778；RMSEA值为0.088，小于0.1；CFI、TLI、IFI的值分别为0.923、0.905、0.924。依据上述指标综合判断可知，第一次修正后的模型达到拟合要求。

表6-8 第一次修正结构模型的拟合结果（$N=231$）

路径	标准化路径系数	非标准化路径系数	S.E.	C.R.	p
技术学习惯例强度←知识缄默性	0.374	0.325	0.061	5.354	***
技术学习惯例强度←知识异质性	−0.002	−0.001	0.034	−0.028	0.977
技术学习惯例多样性←知识缄默性	0.274	0.115	0.029	3.981	***
技术学习惯例多样性←知识异质性	−0.160	−0.042	0.017	−2.521	0.012
技术创新绩效←技术学习惯例强度	0.129	0.192	0.080	2.384	0.017
技术创新绩效←技术学习惯例多样性	0.122	0.374	0.162	2.310	0.021
技术创新绩效←知识缄默性	0.207	0.267	0.079	3.385	***
技术创新绩效←知识异质性	0.645	0.517	0.047	11.101	***
技术创新绩效←企业规模	0.140	0.185	0.066	2.816	0.005
技术创新绩效←企业年龄	0.136	0.012	0.004	2.748	0.006
χ^2	269.5	RMSEA	0.088	IFI	0.924
df	97	CFI	0.923		
χ^2/df	2.778	TLI	0.905		

*** 表示显著性水平 $p<0.001$。

由表6-8知，技术学习惯例强度←知识异质性路径系数为−0.002，C.R.值仅为−0.028，p值较高，该路径未通过验证。这可能是因为，首先，当知识异质性较高时，企业在产业集群中处于桥梁人物或者孤立者的角色，较多地依靠自身对产品和工艺进行改进，对外部知识获取重视程度较低，相应地，对技术学习惯例的执行力度也较小；其次，企业不会对异质知识花费过多成本和资源。因此，本研究删除路径系数不显著的路径技术学习惯例强度←知识异质性，第二次修正后的模型拟合结果如表6-9所示。结果表明，修正结构方程模型的χ^2值为269.5，自由度df为98，χ^2/df值为2.75；RMSEA值为0.087，小于0.1；CFI、TLI、IFI的值分别为0.924、0.907、0.924。依据上述拟合指标进行综合判断可知，第二次修正模型达到拟合要求。修正后的最优结构方程模型如图6-3所示。

表 6-9 最终修正结构模型的拟合结果（$N=231$）

路径		标准化路径系数	非标准化路径系数	S.E.	C.R.	p
技术学习惯例强度←知识缄默性		0.375	0.325	0.060	5.382	***
技术学习惯例多样性←知识缄默性		0.274	0.115	0.029	3.981	***
技术学习惯例多样性←知识异质性		−0.160	−0.042	0.017	−2.520	0.012
技术创新绩效←技术学习惯例强度		0.129	0.191	0.080	2.384	0.017
技术创新绩效←技术学习惯例多样性		0.122	0.374	0.162	2.310	0.021
技术创新绩效←知识缄默性		0.207	0.267	0.079	3.385	***
技术创新绩效←知识异质性		0.645	0.517	0.047	11.102	***
技术创新绩效←企业规模		0.140	0.185	0.066	2.816	0.005
技术创新绩效←企业年龄		0.136	0.012	0.004	2.748	0.006
χ^2	269.5	RMSEA	0.087	IFI		0.924
df	98	CFI	0.924			
χ^2/df	2.75	TLI	0.907			

***表示显著性水平 $p<0.001$。

5. 模型效应分解

本研究的最终结构方程模型如图 6-3 所示，变量之间共有 9 条路径在 $p\leqslant 0.05$ 的水平上显著，包括技术学习惯例强度←知识缄默性、技术学习惯例多样性←知识缄默性、技术学习惯例多样性←知识异质性、技术创新绩效←技术学习惯例强度、技术创新绩效←技术学习惯例多样性、技术创新绩效←知识缄默性、技术创新绩效←知识异质性、技术创新绩效←企业规模、技术创新绩效←企业年龄。

本研究认为技术学习惯例在知识属性与技术创新绩效关系中起的是部分中介作用，因此对最终结构方程模型进行效应分解，以明确揭示不同变量之间的直接效应、间接效应和总效应（侯杰泰，温忠麟和成子娟，2004）。

最终结构方程模型的效应分解如表 6-10 所示，知识缄默性对技术创新绩效的总效应为 0.289、直接效应为 0.207、间接效应为 0.082，这表明知识缄默性既直接影响技术创新绩效，又通过技术学习惯例的强度和多样性影响技术创新绩效；知识异质性对技术创新绩效的总效应为 0.626、直接效应为 0.645、间接效应为 −0.020，这表明知识异质性既直接影响技术创新绩效，又通过技术学习惯例影响技术创新绩效，同时表明尚存在其他的重要中介变量影响知识异质性与技术创新绩效之间的关系。通过最终结构方程模型的效应分解，本研究呈现

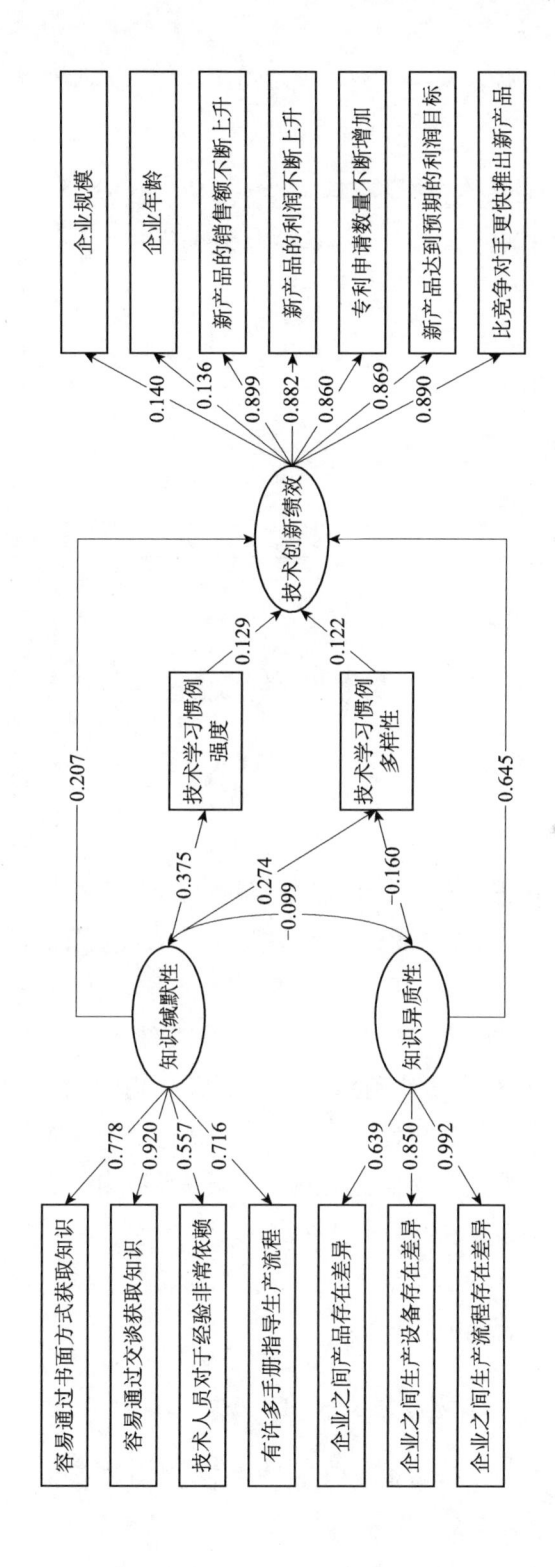

图6-3 知识属性对技术创新绩效作用机制的最终结构模型

了不同变量之间的关联性，揭示了技术学习惯例在知识属性与技术创新绩效关系中的中介作用。

表6-10 最终模型的总效应、直接效应、间接效应

效应类型	结果变量	知识缄默性	知识异质性	技术学习惯例的强度	技术学习惯例的多样性
总效应	技术学习惯例的强度	0.375	0.000	0.000	0.000
	技术学习惯例的多样性	0.274	−0.160	0.000	0.000
	技术创新绩效	0.289	0.626	0.129	0.122
直接效应	技术学习惯例的强度	0.375	0.000	0.000	0.000
	技术学习惯例的多样性	0.274	−0.160	0.000	0.000
	技术创新绩效	0.207	0.645	0.129	0.122
间接效应	技术学习惯例的强度	0.000	0.000	0.000	0.000
	技术学习惯例的多样性	0.000	0.000	0.000	0.000
	技术创新绩效	0.082	−0.020	0.000	0.000

第三节 知识属性对创新绩效作用机制的讨论

一、结果

本研究关注的是知识属性对企业技术创新绩效的作用机制，结构方程模型分析结果如表6-8所示。知识缄默性对技术创新绩效存在显著的正向影响，知识异质性对技术创新绩效存在显著的正向影响，假设7与假设8通过验证。知识缄默性通过技术学习惯例的强度和多样性影响技术创新绩效，假设9和10通过验证。知识异质性通过技术学习惯例多样性影响技术创新绩效，假设12通过验证。与预期相反的是，知识异质性对技术学习惯例的强度存在负向影响，且显著性未通过检验，因此假设11没有通过验证。下文将针对未成立的假设和本研究的其他实证结果进行解释和进一步讨论。

根据结构方程模型的分析结果，本研究将知识属性对技术创新绩效作用机制的概念模型进行修正，如图6-4所示。

二、知识属性与技术创新绩效关系分析

假设7认为，知识缄默性对企业的技术创新绩效有显著的正向影响。如前

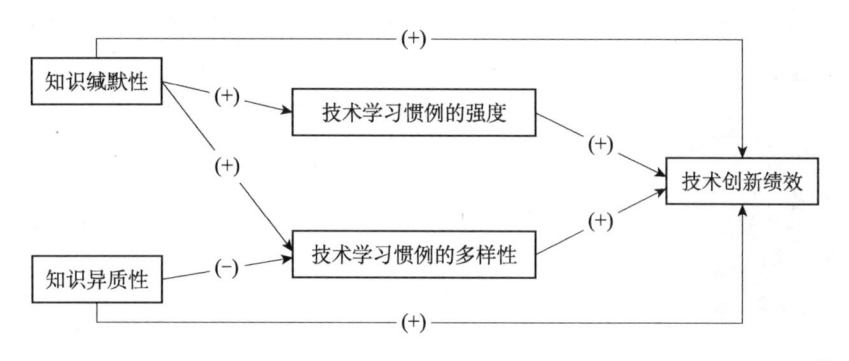

图 6-4 知识属性对企业技术创新绩效作用机制模型实证结果

所述，假设 7 通过验证。

在本研究确定的最终结构方程模型中，技术创新绩效←知识缄默性的标准化路径系数为 0.207（$p<0.001$），可见知识缄默性越强，企业的技术创新绩效越高。知识缄默性之所以对企业的技术创新绩效存在显著的正向影响，是由于以下两方面原因：①知识缄默性阻碍模仿，从而有助于维持企业的创新绩效（Conner & Prahalad，1996；Reed & DeFillippi，1990）；②基于缄默知识形成的直觉对组织的创新决策和研发过程至关重要（Howells，1996；Kikoski C & Kikoski J，2004）。

假设 8 认为，知识异质性对企业的技术创新绩效有显著的正向影响。如前所述，假设 8 通过验证。

在本研究确定的最终结构方程模型中，技术创新绩效←知识异质性的标准化路径系数为 0.645（$p<0.001$），可见知识异质性越大，企业的技术创新绩效越高。知识异质性之所以对企业的技术创新绩效存在显著的正向影响，是由于以下原因：知识异质性通过多样化知识促进企业的技术创新绩效（Milliken & Martins，1996；Pelled，Eisenhardt & Xin，1999），企业之间的知识异质性或认知距离可以给企业的技术学习带来多样性的内容和新价值（Nooteboom，van Haverbeke，Duysters et al.，2007）。当企业之间存在一定知识异质性时，知识整合将会获益，从而有助于技术创新绩效的提高。

以往研究虽然指出知识缄默性、异质性有助于维持企业竞争优势，但较少为知识属性与企业技术创新绩效之间的关系提供直接的实证支持（Teece，1998）。本研究实证分析了知识缄默性、知识异质性与企业技术创新绩效之间的关系，结果表明，知识缄默性与知识异质性对企业的技术创新绩效存在显著的正向影响。

三、技术学习惯例对知识缄默性与技术创新绩效关系的中介效应分析

假设 9 认为，技术学习惯例强度在知识缄默性影响创新绩效的机制中起部分中介作用。如前所述，假设 9 通过验证。

一方面，知识缄默性对技术学习惯例强度有显著的正向影响。在本研究确定的最终结构方程模型中，技术学习惯例强度←知识缄默性的标准化路径系数为 0.375（$p<0.001$）。这表明，知识缄默性越强，企业的技术学习惯例强度越大。知识缄默性之所以对企业的技术学习惯例强度存在显著的正向影响，是由于以下两方面原因：①在知识获取阶段，缄默知识通常在个体层面进行有效传递，主要通过优先的知识传递渠道如面对面沟通、工作实践、人员流动等方式（Breschi & Lissoni，2001b）；②在知识存储阶段，当知识缄默性较高时，存储的难度也更大，考虑到缄默知识的个人嵌入性，此时需要保留核心员工以保存缄默知识（Wilson & Hlavacek，1984）。也就是说，当知识缄默性较高时，企业倾向于选择适合知识缄默性的技术学习惯例，此时，上述技术学习惯例的执行强度会加大。

另一方面，技术学习惯例强度对技术创新绩效存在显著的正向影响。在本研究确定的最终结构方程模型中，技术创新绩效←技术学习惯例强度的标准化路径系数为 0.129（$p<0.05$）。这表明，技术学习惯例强度越大，企业的技术创新绩效越高。技术学习惯例强度之所以对企业的技术创新绩效存在显著的正向影响，是由于以下三方面原因：①技术学习惯例强度有助于提升企业技术能力（Bessant & Francis，1999；Figueiredo，2003；Huber，2009；Leonard-Barton，1992）；②技术学习惯例强度促进组织内部研发相关活动的协调（Becker，2005；Bourdieu，1995；Dosi，Nelson & Winter，2000；Knott & McKelvey，1999；March & Olsen，1989；Nelson & Winter，1982；Simon，1950）；③技术学习惯例强度有助于节约组织有限的认知资源（Argote，Beckman & Epple，1990；Becker，2005；Cyert & March，1963；Gersick & Hackman，1990；Simon，1950）。

假设10认为，技术学习惯例多样性在知识缄默性影响创新绩效的机制中起部分中介作用。如前所述，假设10通过验证。

一方面，知识缄默性对技术学习惯例多样性有显著的正向影响。在本研究确定的最终结构方程模型中，技术学习惯例多样性←知识缄默性的标准化路径系数为0.274（$p<0.001$）。这表明，知识缄默性越强，企业的技术学习惯例多样性越大。知识缄默性之所以对企业的技术学习惯例多样性存在显著的正向影响，是由于以下三方面原因：①在选择知识进行存储时，由于知识缄默性增加了知识的模糊性和不确定性，企业会同时通过收集与该技术相关的市场需求、竞争者动态信息，业务部门与研发部门共同决定哪些技术对于企业是重要的，在决策的过程中通过多种渠道（如面对面交谈、邮件、电话等）进行沟通，获取尽可能多的信息以消除不确定性（Daft & Lengel，1986；Garud & Nayyar，1994；Kikoski C & Kikoski J，2004）；②在知识激活阶段，知识缄默性增加了辨认激活机会的难度，企业会使用多种方式辨认激活机会，包括鼓励技术人员轮岗、在企业内部组织研讨会共享技术知识、在企业内部公开在研技术项目相关信息（Arrow，1962；Garud & Nayyar，1994；Lindblom & Cohen，1979；Rosenberg，1982）；③在知识转化阶段，缄默性增加了知识的模糊性，为了消除知识传递过程中的模糊性，企业会通过多种方式促进知识在不同部门之间的流动，包括不同职能部门基于研发项目进行会面讨论；拥有技术专家促进职能部门之间与研发相关的非正式沟通和交流；在研发过程，使用仿真、产品模型、绘图等方法促进不同部门之间的沟通（Nonaka & Takeuchi，1991；Reed & DeFillippi，1990）。

另一方面，技术学习惯例多样性对技术创新绩效存在显著的正向影响。在本研究确定的最终结构方程模型中，技术创新绩效←技术学习惯例多样性的标准化路径系数为0.122（$p<0.05$）。这表明，技术学习惯例多样性越大，企业的技术创新绩效越高。技术学习惯例多样性之所以对企业的技术创新绩效存在显著的正向影响，是由于以下两方面的原因：①技术学习惯例多样性有助于提升企业的技术能力（Bell，Hobday，Abdullah et al.，1996；Dosi，1988；Figueiredo，2003；Nelson & Winter，1982；Zander & Kogut，1995）；②技术学习惯例多样性有助于企业适应动态的技术环境（Glazer，1991；Glazer & Weiss，1993；

Gnyawali & Madhavan, 2001; Jaworski & Kohli, 1993; Smart & Vertinsky, 1977; Weiss & Heide, 1993)。

以往研究仅指出缄默性阻碍了知识的传递，因而保留了企业特有的竞争优势（Cavusgil, Calantone & Zhao, 2003; Leonard-Barton & Sensiper, 1998），但并未就知识缄默性如何影响企业技术创新绩效进行深入的研究。本书打开了知识缄默性对企业技术创新绩效作用机制的黑箱，阐释了企业获取外部技术知识后的知识处理行为在知识缄默性提升企业技术创新绩效过程中所扮演的角色。实证结果表明，知识缄默性通过技术学习惯例的强度和多样性正向影响企业技术创新绩效。

四、技术学习惯例对知识异质性与技术创新绩效关系的中介效应分析

假设 11 认为，技术学习惯例强度在知识异质性影响创新绩效的机制中起部分中介作用。如前所述，假设 11 没有通过验证。

知识异质性对技术学习惯例的强度不存在显著影响。在第一次修正后的结构方程模型拟合结果中（表 6-8），技术学习惯例强度←知识异质性的标准化路径系数为 -0.002，p 值较高，假设 11 未通过验证。假设 11 未通过验证可能是由于以下两方面原因。

一方面，当产业集群内企业与其他企业之间在产品类别、生产设备及工艺流程上存在较大差异时：①该企业的知识基础可能较为先进，在产业集群内扮演知识守门人的角色（Giuliani & Bell, 2005）；②该企业的知识基础可能较为落后，既不能提供有价值的知识给其他企业，也无法获取和利用其他企业拥有的知识，在集群知识系统中处于一种隔离的状态（Giuliani & Bell, 2005）。这两种类型的企业都更多地依赖于自身进行技术开发和改进，较少进行外部知识获取行为。因此，它们不会在外部知识获取以及之后企业内部的知识处理行为上投入很多的资源和精力，相应地，技术学习惯例的强度也不会很大。

另一方面，当获取的外部知识异质性较大时，企业难于判断其未来的战略价值（Daft & Lengel, 1986），此时企业不会对异质知识花费过多成本和资源，因此，相应的知识处理行为执行力度不会很大。

假设 12 认为，技术学习惯例多样性在知识异质性影响创新绩效的机制中起

部分中介作用。如前所述，假设12通过验证。

知识异质性对技术学习惯例多样性有显著的负向影响。在本研究确定的最终结构方程模型中，技术学习惯例多样性←知识异质性的标准化路径系数为 -0.160 ($p<0.05$)。这表明，知识异质性越高，企业的技术学习惯例多样性越低。知识异质性之所以对企业的技术学习惯例多样性存在显著的负向影响，是由于以下四方面原因：①在获取外部知识的过程，企业倾向于有针对性地选取合适的知识传递渠道获取外部知识，以提高知识传递效率（Reagans & McEvily, 2003; Simonin, 1999）；②在存储知识的过程中，企业倾向于选择将知识编码化进行存储（Daft & Lengel, 1986; Prencipe & Tell, 2001）；③在激活知识的过程中，企业可能选择公开在研项目相关信息的方式确定激活机会（El Sawy & Pauchant, 1988）；④在转化知识的过程中，企业内部成员之间倾向于通过利用模型、仿真、绘图等直观易懂的方法促进知识在不同部门之间的流动。

以往研究仅指出知识异质性对创造性和创新的贡献（Milliken & Martins, 1996; Pelled, Eisenhardt & Xin, 1999），但并未就知识异质性如何影响企业技术创新绩效进行深入的研究。本书打开了知识异质性对企业技术创新绩效作用机制的黑箱，阐释了企业获取外部技术知识后的知识处理行为在知识异质性提升企业技术创新绩效过程中所扮演的角色。

第四节　本章小结

第五章提出了知识属性影响企业技术创新绩效作用机制的研究模型，本章在该研究模型的基础上，通过问卷调查的形式收集实证数据，并系统运用了验证性因子分析、相关分析、结构方程模型分析等方法对研究假设进行实证检验。进一步地，根据实证结果，本章针对知识缄默性与异质性、技术学习惯例的强度与多样性、技术创新绩效之间的关系进行了讨论。

本章对应的研究问题二的结论总结如表6-11所示，除技术学习惯例强度对知识异质性与技术创新绩效关系的中介效应未得到验证外，其余假设均通过验证。具体而言，知识缄默性既直接影响技术创新绩效，又通过技术学习惯例的强度与多样性影响技术创新绩效；知识异质性既直接影响技术创新绩效，又通过技术学习惯例的多样性影响技术创新绩效。

表6-11 知识属性对企业技术创新绩效作用机制的假设验证情况汇总

假设序号	假设具体描述	验证情况
假设7	知识缄默性对技术创新绩效有显著的正向影响	通过
假设8	知识异质性对技术创新绩效有显著的正向影响	通过
假设9	技术学习惯例强度在知识缄默性影响创新绩效的机制中起部分中介作用	通过
假设10	技术学习惯例多样性在知识缄默性影响创新绩效的机制中起部分中介作用	通过
假设11	技术学习惯例强度在知识异质性影响创新绩效的机制中起部分中介作用	未通过
假设12	技术学习惯例多样性在知识异质性影响创新绩效的机制中起部分中介作用	通过

第七章
技术学习策略对创新绩效作用机制的案例研究

本书的第一个研究问题为知识属性对企业技术学习策略的影响机制研究，第二个研究问题为知识属性如何通过技术学习惯例影响企业技术创新绩效。本书的第四章和第六章已分别针对这两个问题进行了实证研究。进一步地，本章将针对本书的第三个研究问题进行案例研究：技术学习策略如何通过技术学习惯例影响企业创新绩效。之所以采用案例研究方法，是因为：惯例是组织内部经常性的交互模式（Becker，2005），其具有一定的规律性（Nelson & Winter，1982）和路径依赖性（Becker，2004）；组织在进行深度优先或广度优先的技术学习时，短期内无法建立起稳定的、规律性的技术学习惯例；案例研究方法可以有效追溯技术学习策略确定后相当时期内企业建立起的技术学习惯例，更为科学和规范地反映技术学习策略如何通过技术学习惯例影响创新绩效。

第一节 技术学习策略对创新绩效作用机制的模型构建

技术学习策略对创新绩效作用机制的模型构建主要体现在以下两个方面。

（1）在第三章，本研究已确定了所关注的技术学习策略——深度优先的外部知识获取策略和广度优先的外部知识获取策略，本研究仍以此两类技术学习策略为关注重点之一。

（2）与第五章相一致，本研究仍从以下两个维度对技术学习惯例进行刻画——技术学习惯例的多样性和强度。现有研究指出了策略影响惯例的基本逻辑（Winter，1986；Reynaud，2005），但仍停留在理论层面，缺少相关实证研究。针对该研究现状，本书将实证探讨技术学习策略如何通过技术学习惯例影响企业的技术创新绩效。

基于上述论述，本章建立起基本概念模型（图7-1）。

一方面，技术学习在以下两方面影响企业绩效：提高企业核心技术的知识深度，增加企业利用这些技术的方式；增加企业技术组合的范围，从而增加其整合不同技术形成新产品的能力（Carayannis & Alexander, 2002）。另一方面，企业在创新过程中如何利用其他企业、研发组织的经验和知识，以及与企业内部能力结合也在很大程度上影响其创新绩效（Caniëls & Romijn, 2005）。基于此，本研究关注技术学习策略如何通过技术学习惯例影响企业创新绩效。

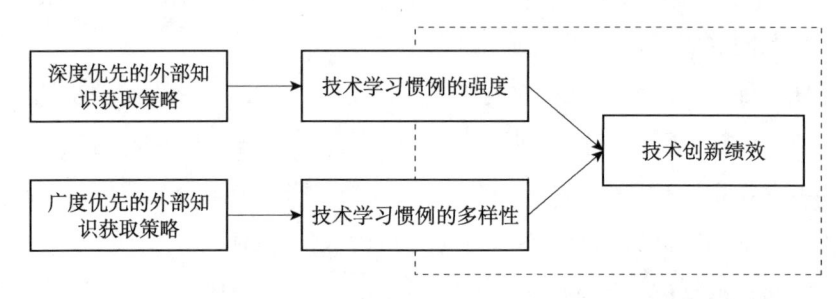

图 7-1 技术学习策略对创新绩效的作用机制：基本概念模型

注：虚框部分涉及技术学习惯例的强度和多样性对企业创新绩效的假设，该部分假设已在第五章和第六章进行了理论预设和实证检验，之所以仍存在该模型中，是因为该模型关注了技术学习惯例在技术学习策略与企业创新绩效之间的中介作用

一、技术学习惯例强度的中介作用

首先，惯例是基于规则的行为模式（Egidi, 1996）。组织理论的许多研究关注如何协调个体在组织中的行动（March & Simon, 1958; Stinchcombe, 1960）。规则和组织惯例是协调个体在组织中行为的两种主要形式，规则较为显性，惯例更为隐性；规则代表了理论上的思考方式，惯例则更为务实，代表了实践中的行为模式。具体而言，规则具有一般性，惯例则是更为务实的解决方案，在规则给予的理论、抽象和一般性的指引下，解决具体的问题（Reynaud, 2005）。进一步地，Reynaud（2005）基于案例研究，对企业引进生产奖励后组织惯例的变化进行了横向追踪，结果表明，对新规则的诠释导致了新惯例的产

生，惯例为规则的不完整性提供了实际的、本地化的解决方案。本研究认为，深度优先的外部知识获取策略可看作是组织进行技术学习的一般性规则，相应地，组织会逐渐形成深度化的技术学习惯例，为技术学习策略提供实践性的解决方案。也就是说，深度优先的外部知识获取策略影响技术学习惯例的强度。

其次，深度优先的外部知识获取策略减少了企业获取的知识类型。当企业实施深度优先的外部知识获取策略时，首先，在知识获取阶段，其主要通过有限的渠道获取外部知识，相应地，获取的知识类型也受到局限。例如，当企业主要通过人际沟通、面对面交流获取外部技术知识时，其获得的主要是缄默知识。其次，在知识存储阶段，当获取的主要是某一类知识时，组织会针对知识特性采取恰当的行为进行知识存储决策和知识存储。例如，就缄默知识而言，由于缄默知识具有一定的模糊性，企业会倾向于利用丰富的媒介进行沟通和知识存储决策（Garud & Nayyar, 1994）。再次，在知识激活阶段，组织需要寻找机会利用已保存的技术知识，不同的知识类型，其激活的途径也不同，知识激活所包含的任务随着知识特征而改变（Garud & Nayyar, 1994）。以缄默知识为例，通过技术人员轮岗是较为恰当的辨认机会、利用缄默知识的方式。最后，在知识转化阶段，为了促进知识在不同部门之间的流动以整合各部门的知识，针对不同的知识类型也应采取相应的方式。以缄默知识为例，其更适合于通过人际会面和非正式交流进行传递（Breschi & Lissoni, 2001b）。由此可见，深度优先的外部知识获取策略使得企业在组织内部知识管理不同阶段采取特定的行为，以更好地利用和整合相关技术知识，开展技术创新活动。也就是说，深度优先的外部知识获取策略影响了技术学习惯例的强度。

同时，技术学习深度有助于企业重新设计产品以提高易用性、提供定制化服务，或者突破性地改变产品定义（Usunier & Lee, 2005），从而推动创新。Leonard-Barton（1995）认为，技术学习为企业提供了进行创新的知识基础。Katila 和 Ahuja（2002）指出搜索深度通过三种途径影响企业产品创新：首先，重复使用同一知识要素降低了犯错的概率，促进了惯例的发展，使得搜索更为可靠；其次，随着经验的增加，搜索更加可预测，获取的知识更加符合产品的需求；最后，重复使用一组概念的企业对它们具备更深的理解，激发了企业辨认有价值知识的能力，并在不同的知识元素之间建立联系，用不同的方式把它们结合起来。相似地，Laursen 和 Salter（2006）认为，外部搜索深度有助于企业建立和维持知识交换和合作关系。可见，深度优先的外部知识获取对企业创新绩效存在一定影响。

综上所述，本研究提出以下假设：

假设 13：技术学习惯例强度在深度优先的外部知识获取策略影响技术创新绩效的机制中起中介作用。

二、技术学习惯例多样性的中介作用

首先，如上所述，惯例是遵循一定规则下的组织行为。本研究把广度优先的外部知识获取策略视为组织进行技术学习的规则，相应地，组织会形成多样化的技术学习惯例，以遵循广度优先的技术学习策略的指引。也就是说，广度优先的外部知识获取策略影响企业技术学习惯例的多样性。

其次，广度优先的外部知识获取策略增加了企业获取的知识类型。当企业采取广度优先的外部知识获取策略时，在知识获取阶段，其会通过多种渠道获取外部知识，由于接触面广，此时企业能获得多种类型的技术知识，例如，既包括复杂知识，也包括简单知识；既包括缄默知识，也包括显性知识。在知识存储阶段，针对获取的多种类型知识，企业也需要采取多种行为以做出知识存储决策和进行知识存储。例如，针对复杂知识，由于复杂性增加了知识的不确定性（Garud & Nayyar，1994），企业需要采取多种行为以确保做出正确的决策。在知识激活阶段，企业需要辨认激活机会以利用存储的技术知识，针对复杂知识，由于其包含了多种关键知识要素（Kogut & Zander，1993），企业需要通过多种方式进行辨认；针对异质知识，企业可能采取公布在研项目信息的方式辨认激活机会。在知识转化阶段，为了促进知识在不同部门之间以及部门内部的流动，针对缄默知识，企业需要通过人际会面或非正式沟通的方式促进知识流动；针对异质知识，企业需要利用模型、仿真、绘图等方式促进知识的流动。由上可见，广度优先的外部知识获取策略使得企业获取了多种类型的知识，从而在组织内部知识管理的各阶段采取了多样化的惯例行为。也就是说，广度优先的外部知识获取策略影响了企业技术学习惯例的多样性。

同时，技术学习广度有助于企业设计新产品、更新现有产品（Zahra，

1996），从而提高创新绩效。Katila 和 Ahuja（2002）指出搜索范围通过以下两方面影响产品创新：一方面，大范围地搜索使得企业获取了不同的知识元素，从而有助于解决问题；另一方面，大范围地搜索通过提高结合性质的搜索从而增加了企业新产品的数目。相似地，Laursen 和 Salter（2006）指出外部搜索广度有助于企业更好地发现技术机会、获得更多的创新构思，从而提高创新绩效。可见，广度优先的外部知识获取策略影响企业创新绩效。

综上所述，本研究提出以下假设：

假设 14：技术学习惯例多样性在广度优先的外部知识获取策略影响技术创新绩效的机制中起中介作用。

第二节 案例研究方法论

一、案例研究方法

与问卷调查研究方法相比，案例研究可为变量之间的关系提供更为详细的解释和信息，并可提供新的视角和观点（Eisenhardt，1989；Glaser & Strauss，1967；Yin，2009）。Eisenhardt（1989）指出案例研究可用于实现不同的目标：进行描述、检验理论、产生理论。

关于案例研究如何开展主要有两种观点：①案例研究在开始阶段就应当拥有明晰的理论假设（Yin，2009）；②案例研究在开始阶段的理论背景最好是空白的，这样可以使研究者免受先前理论预设的束缚（Eisenhardt，1989）。然而，完全空白的理论背景在现实中难以实现，研究者往往会受到以往研究经历和理论积累的干扰（Parkhe，1993）。因此，本研究借鉴 Yin（2009）的观点，在案例研究开始阶段就提出清晰的理论假设，以更好地指导接下来的案例研究开展。

案例研究包括单案例研究和多案例研究（Yin，2009）。多案例研究可提高研究的效度（Eisenhardt，1989），单案例研究可增加研究的深度（Dyer Jr. & Wilkins，1991）。为了更为深入地追踪企业内部确定技术学习策略后技术学习惯例的建立和形成过程，本研究采用单案例研究对理论模型进行验证和探讨。

Eisenhardt（1989）提出了理论构建类案例研究的实施步骤，包括开始研究、选择案例、选择数据收集工作和方法、收集数据、分析数据、形成假设、与现有相似及冲突文献进行比较、结束研究。相似地，Yin（2009）指出案例研究包括五个步骤，分别是研究设计、准备数据收集、收集数据、分析数据、撰写案例研究报告。借鉴上述研究，本研究将按照以下步骤进行分析：研究设计、案例选择、数据收集、数据分析、检验假设。

二、案例选择

本研究选择了两家企业，分别开展技术学习惯例强度、技术学习惯例多样性中介作用的案例研究，表7-1总结了这两家企业的基本特征。下文均对企业和企业访谈人员采取匿名报道，以确保对企业关键信息的保密（Yan & Gray, 1994）。

表 7-1 案例企业基本特征

特征	TS	RL
成立年份	1985	1987
员工总数	500	4000
近两年平均销售额	1.26亿元	10.8亿元
主营产品	家用电器产品的外观设计、模具设计制造、大型汽车塑料模具、冲压模具设计制造	汽车气制动元件、液压制动元件、汽车电器、汽车仪表、汽车转向助力泵、电涡流缓速器、汽车ABS等重型汽车和轿车配件
产品市场	为大宇、丰田、本田、法雷奥等国外品牌汽车制造商的二级供应商，奇瑞、海信、厦华、熊猫、上广电等国内企业的一级供应商	为中国一汽集团、东风集团、上汽集团等30多家国内汽车制造厂以及奔驰、雷诺、三菱、丰田、本田、尼桑等欧洲、美洲和日本车系等提供配套服务
产业集群特点	企业一般规模较小；以汽车和家电注塑模为主；与发达国家相比，产品精密度较低	以汽摩配产品为主；核心部件的技术（如发动机、底盘等）仍与发达国家存在差距；数控自动化加工比较完善

在选择案例企业的过程中，本研究主要遵循以下三个原则。

（1）选择的案例企业具备一定的代表性（Yan & Gray, 1994）。本研究分别从浙江省的模具产业集群和汽车零配件产业集群中选择了TS与RL。TS与RL都是所在地产业集群较为成功的龙头企业，研究此类企业符合单案例研究中的关键性要求（彭新敏，2009）。就TS而言，其主要从事家用电器模具、大型汽车塑料模具的生产制造，注册资金 1 亿元，有工程师以上职称的技术人员 100 人，年模具出口率达 60%，是中国最大的模具设计制造企业之一，被列入中国火炬计划项目单位、中国塑料模具特色企业。就 RL 而言，其是专业生产汽车零部件的企业，注册资金 2.51 亿元，员工 4000 多人；已发展成为当地汽摩配行业龙头企业、中国气制动气阀类产品最大的生产基地，位居当地工业企业 50 强前茅。

（2）选择的案例企业已经运营了较长时间，具备了技术学习策略、技术学习惯例、技术创新绩效的相关数据（Yan & Gray，1994）。本研究选择的 TS 成立于 1985 年，RL 成立于 1987 年，因此可获得相关变量指标的历史数据及当前数据。

（3）选择的案例企业具备数据可获得性（Yan & Gray，1994）。首先，笔者通过项目调研的机会与 TS、RL 的内部人士建立了良好的联系，为后来深入访谈的开展奠定了基础。其次，TS 作为国家级塑料模具特色基地骨干企业，获得了所在地政府与媒体的认可与报道，本研究可从这些报道中收集材料，对访谈中获得的信息进行补充和验证。RL 于 2004 年 7 月在美国纳斯达克上市，公司上市引发了媒体的广泛关注，便于本研究获取丰富的文档材料。

三、数据收集

案例研究的数据收集方法包括文档材料、访谈、问卷和现场观察，收集的实证材料既可以是定性的，也可以是定量的（Eisenhardt，1989）。本研究主要通过人员访谈、文档材料、现场观察收集案例企业的数据（表 7-2）。

表 7-2　案例企业数据来源

来源	TS	RL
人员访谈	技术研发中心主任、塑件项目管理部经理、模具项目管理部经理、行政管理中心主任、技术质量部经理、技术员工、竞争对手、行业协会主任	技术中心主任、厂报总编、汽车零部件分公司经理、汽车电器分公司经理、技术员工、竞争对手、行业协会秘书长
文档材料	企业网站、产品介绍、宣传画册、行业协会网站	集团报纸、企业网站、上市公司定期报告、产品介绍、宣传画册、行业协会网站
现场观察	通过项目调研的机会参观车间，与技术人员进行非正式交流	通过项目调研的机会参观工厂，与技术人员进行非正式交流

1. 人员访谈

本研究主要通过对企业人员及行业协会专家访谈获取案例数据。在访谈之前,笔者已设计好访谈提纲(参见附录1),在此基础上与访谈对象进行半结构化深度访谈。就 TS 而言(表7-3),笔者共开展面对面访谈12人次,其中针对企业内部人员的访谈10人次,与竞争对手访谈1人次,与行业协会专家访谈1人次。就 RL 而言(表7-4),笔者共开展面对面访谈11人次,其中针对企业内部人员的访谈9人次,与竞争对手访谈1人次,与行业协会专家访谈1人次。

表7-3　TS 案例访谈记录(2009~2011年)

访谈对象	访谈对象基本情况	访谈时间	访谈次数
A1	技术研发中心主任,负责模具设计和塑件研发工作,1996年加入 TS	2009年 2010年	2次
B1	塑件项目管理部经理,负责塑件的采购、加工及销售	2009年 2010年	2次
C1	模具项目管理部经理,负责模具的加工、抛光及装配	2010年 2011年	2次
D1	行政管理中心主任,负责人力资源及行政工作	2009年 2010年	2次
E1	技术质量部经理,负责模具质检和塑件质检	2011年	1次
F1	技术研发中心某技术员工,参与模具的设计工作	2009年	1次
G1	当地另一家模具企业的技术中心主任兼内部培训讲师,该企业是 TS 在汽车模具市场上的竞争者之一	2009年	1次
H1	当地模具行业协会主任,对整个区域的模具制造有很深的了解	2009年	1次

表7-4　RL 案例访谈记录(2009~2011年)

访谈对象	访谈对象基本情况	访谈时间	访谈次数
A2	技术中心主任,参与汽车气制动阀的技术研发,1998年加入 RL,对整个企业的技术研发情况有深入的了解	2009年	2次
B2	厂报总编,负责 RL 内部刊物的编撰工作	2009年	1次
C2	汽车零部件分公司经理,负责商用车的气制动系统产品生产与销售	2009年 2010年	2次
D2	汽车电器分公司经理,负责重型汽车电器产品的生产与销售	2009年	1次
E2	汽车液压制动分公司的资深技术员工,参与汽车液压制动主缸、轮缸的开发	2009年 2010年	3次

续表

访谈对象	访谈对象基本情况	访谈时间	访谈次数
F2	当地另一家汽摩配制造企业的董事长，1984年创业，该企业是RL在出口市场上的主要竞争对手之一	2009年	1次
G2	当地汽摩配行业协会的秘书长，对整个汽摩配行业有较好的了解	2009年	1次

每次访谈历时1个半小时到2个小时，有些访谈对象接受了2次访谈。在获得访谈对象同意的情况下，笔者对所有访谈都进行了录音（Yan & Gray, 1994）。在整理访谈内容的过程中，笔者主要遵循了两个原则。首先，在访谈当天完成对所有谈话内容和观点的记录；其次，无论访谈过程中获得的信息和材料是否重要，都将其纳入访谈笔记中（Eisenhardt, 1989）。

2. 文档材料

笔者主要通过网站、书面资料等渠道获取案例企业信息。首先，笔者通过企业网站了解企业简介、组织机构、发展历程等基本情况；通过地方科技局、所在地行业协会的网站了解企业技术创新和市场开拓的信息。其次，笔者收集企业的宣传画册、产品介绍、上市公司财务报告（仅就RL而言）、内部刊物，了解公司在技术研发方面的进展和行为，印证和补充在人员访谈中所获得的信息。

3. 现场观察

笔者借助项目调研的机会，参观了案例企业的车间和员工的日常工作现场，并与技术员工进行了非正式的交流。在这一过程中，笔者更加深入地了解案例企业的工作流程及自身所关心的问题，对所要进行的研究有了更为直观的认识。

四、数据分析方法

借鉴内容分析的典型程序（Lincoln & Guba, 1985; Strauss, 1987），本研究首先将所有相关数据按照理论模型分为三类（Yin, 2009），包括技术学习策略、技术学习惯例、技术创新绩效；其次，根据变量的不同维度，对每一类数据进行编码；最后，在变量的子维度上，如果不同来源的数据出现不一致的情况，本研究或者借助其他的数据来源、或者向访谈对象求证，以消除数据之间的分歧（Yan & Gray，1994）。

在以上三个步骤的基础上，本研究通过表格将相关的案例数据呈现出来，形成了每个案例的描述性框架（郑素丽，2008），对预期的理论假设进行了逻辑验证。

第三节　技术学习策略对创新绩效作用机制的案例分析

一、变量测度

由于单案例研究与问卷调查之间存在差别（彭新敏，2009），本研究采取不同的方法测度技术学习策略、技术学习惯例及技术创新绩效。

1. 技术学习策略的测度

如前文所述，本书已确定了17种外部知识获取渠道，包括：①与集群内其他企业员工的交流和接触；②与集群外其他企业员工的交流和接触；③雇佣来自集群内其他同行企业的员工；④雇佣来自集群外其他同行企业的员工；⑤模仿来自集群内已有的或竞争对手的产品及技术；⑥模仿来自集群外已有的或竞争对手的产品及技术；⑦大客户（或上游厂商）提供的技术指导与培训；⑧在解决关键客户或特殊用户的技术需求和技术问题过程中获得的想法、反馈和技术经验；⑨与原材料及零部件供应商员工接触获得的想法和技术；⑩与设备供应商员工接触所获得的想法和技术；⑪与大学及研究机构的合作开发；⑫与集群内同行企业的合作开发；⑬与集群外同行企业的合作开发；⑭商会或行业协会提供的技术信息与培训；⑮通过技术许可获得的技术与知识；⑯通过专利公告披露的信息获取的技术知识；⑰来自技术出版物及技术性会议的技术知识。

笔者首先在每家案例企业中选择一位资深的技术人员，在与该员工的访谈中确定对企业而言较为重要的外部知识获取渠道。该员工应至少在该企业中工作十年以上，才能具备足够的技术背景和行业理解（Giuliani & Bell，2005），帮助本研究更好地定位对企业而言重要的外部知识获取渠道。在资深技术员工确定出对企业而言重要的外部知识获取渠道后，笔者继续与其他的对象进行访谈，验证上述知识获取渠道的重要性，并进一步了解这些知识获取渠道的使用情况。

其次，本研究参考Laursen和Salter（2006）与Keupp和Gassmann（2009）的做法来测度技术学习的深度与广度。一方面，本研究以重要的知识获取渠道的数目来测度技术学习广度。另一方面，本研究关注企业对所采用渠道的使用程度，高使用程度表明技术学习深度大，中、低使用程度表明技术学习深度小，并将前者赋值为1，后者赋值为0，以所有渠道的使用程度之和测度技术学习深度。

最后，本研究将案例企业的技术学习深度与技术学习广度进行对比。如果技术学习深度远低于技术学习广度，则表明企业实施的是广度优先的外部知识获取策略。如果技术学习深度接近于技术学习广度，则表明企业实施的是深度优先的外部知识获取策略。

2. 技术学习惯例的测度

如前文所示，本书已根据文献研究确定了企业在获取外部技术知识过程中的技术学习惯例行为。具体而言，基于外部知识获取的视角，本书将组织内部知识管理的过程划分为不同阶段：知识获取、知识存储、知识激活、知识转化，并构建出每个阶段的技术学习惯例行为。

笔者于2009年对TS和RL进行了第一次调研，从这次调研的访谈内容中，笔者整理出案例企业在获取外部知识过程中及之后知识管理的具体行为。此后，笔者于2010年与2011年对两家案例企业进行了第二次和第三次调研，向原始访谈对象或其他访谈对象求证上述技术学习惯例行为的系统性，即企业是否在这些做法/实践上有着相对明确的原则、程序、方法、套路，在企业中是否被系统性地运用；并进一步深入了解系统性技术学习惯例行为的重要性。

具体地，本研究以系统性技术学习惯例行为的数目之和在四个知识处理阶段的均值来测度技术学习惯例的多样性。就技术学习惯例强度而言，本研究主要基于技术学习惯例行为的重要性进行测度（Keupp & Gassmann，2009），将高重要性赋值为1，中、低重要性赋值为0，将所有技术学习惯例行为的重要性之和对四个知识处理阶段求均值，以此测度技术学习惯例强度。

最后，本研究将技术学习惯例强度与技术学习惯例多样性进行比较，如果技术学习惯例强度接近于技术学习惯例多样性，表明企业的技术学习惯例强度较大。

3. 技术创新绩效的测度

彭新敏（2009）通过新产品数、产品新颖程度、申请专利数测度企业的技术创新绩效。借鉴彭新敏（2009）的研究，本研究主要采用上述三个指标对案例企业在最近三年间的技术创新绩效进行测度。同时，本研究将上述三个指标与案例企业所在产业集群的平均水平进行对比，如果案例企业在这三个指标上的表现高于所在产业集群的平均水平，则表明其技术创新绩效好；如果低于所在产业集群的平均水平，则表明技术创新绩效差。

就新产品数和产品新颖程度而言，本研究主要通过访谈、文档资料来收集数据。就申请专利数而言，本研究主要通过中外专利数据库服务平台查询案例企业的专利。就案例企业所在产业集群在新产品数、产品新颖程度、专利数的平均水平而言，本研究主要通过与行业协会专家进行访谈收集数据。

二、技术学习策略

1. TS模具企业

就TS而言，本研究选择的资深技术人员为其技术研发中心主任，其于1996年加入TS至今，积累了丰富的模具设计与制造经验。在与技术研发中心主任访谈的过程中，笔者确定了7种对TS而言较为重要的外部知识获取渠道。基于对所有对象的深入访谈，笔者印证了这7种外部知识获取渠道的重要性，并了解了它们的使用程度。如表7-5所示，TS的技术学习深度为5，技术学习广度为7，本研究测度TS实施的为深度优先的外部知识获取策略。下文将针对雇佣集群外同行企业员工，在解决关键客户或特殊用户的技术需求和技术问题过程中获得的想法、反馈和技术经验，商会或行业协会提供的技术信息与培训这三种知识获取渠道的使用情况或重要程度进行详细说明。

人员流动在企业之间的知识流动中扮演了重要的角色（Almeida & Kogut, 1999; Argote & Ingram, 2000; Breschi & Malerba, 2001; Dahl, 2002; Saxenian, 1996; Song, Almeida & Wu, 2003）。当员工到新企业工作时，相应地也将已有的知识应用到新情境中，促进所在企业快速地获取新知识和技术能力的提升。以下内容表明了人员流动的重要性。

"TS 曾在 1994 年斥资购买昂贵的数控加工中心设备，但使用后没有达到预期结果，通过研究我们发现问题出在技术人员身上。于是公司从广东高薪聘请技术员工，最后加工中心终于发挥了作用。做一个同类型的模具，别的工厂需要 10 天，但是我们公司只要 3 天。不仅时间缩短了，而且模具的精度也大大提高。"（TS 技术研发中心主任，2009）

客户也是外部知识获取的重要渠道，他们不仅提供关于产品特定细节的知识，还提供关于运营程序以及材料特性的知识等（Bell & Albu, 1999; Capello, 1999; Nadvi, 1996; Sandee, 1995; Saxenian, 1991; von Hippel, 1988）。就 TS 而言，客户是其获取信息、提升自身技术实力的重要渠道。客户提供图纸、样品，或者自己的想法，让 TS 生产出它们所需要的模具；TS 通过客户则可了解最新的技术信息，同时也通过满足客户的需求提高了自身的研发能力。以下内容表明了解决关键客户的技术需求和技术问题作为外部知识获取渠道的重要性和使用程度：

"模具行业的新产品是一个改良性开发过程，不是完全创新性的开发，我们开发更多的是外观、造型的开发，具体的操作是我们市场部会对客户的每一年度的市场需求进行评估，也会做一系列的市场调研，如流行的前沿技术包括工艺、造型、外观，会形成一个报告，根据报告去形成我们研发设计的策划方案，经过技术人员的评定和市场需求，我们的设计、技术能力是否能满足以上需求。然后立项，根据立项进行开发。"（TS 行政管理中心主任，2009）

"我们获取信息的渠道很多，但最终依靠的是用户需求，了解到需求后会给我们的总工，分析技术……客户对我们要求高，产品质量变好，我们从中也学到很多东西。"（TS 模具项目管理部经理，2010）

商会、行会等商业组织在产业集群内部协调企业之间的商业活动，同时可提供关于市场和技术的信息（Yamawaki，2002）。它们更加关注的是把集群外的先进技术知识引入到集群内，把行业最新的动态通知集群内的企业，让它们动态跟踪国内外市场、技术的发展和趋势。TS所在地的模具行业协会成立于1992年8月，其主要职能为开展行业培训、咨询服务、发布经济信息等。TS的员工在一年内所接受的行业协会培训基本达到了72个课时，既包括模具相关的业务技能教学，也包括公司制度、商务礼仪、企业标准化生产等。以下访谈内容表明了行业协会培训的重要性和使用情况：

"2008年由于金融危机，公司的业务量下降较多，我们的时间相对空闲些。公司组织我们去参加行会的标准化生产培训，几个月下来，公司的生产效率明显提高，反而因祸得福，公司从汽车零配件生产的三级配套商升到一级配套商。"（TS技术员工，2009）

表7-5 TS的技术学习策略

技术知识获取渠道	使用程度	技术学习深度	技术学习广度
与集群内其他企业员工的交流和接触	中等		
与集群外其他企业员工的交流和接触	高		
雇佣来自集群外其他同行企业的员工	高		
大客户（或上游厂商）提供的技术指导与培训	高	5	7
在解决关键客户或特殊用户的技术需求和技术问题过程中获得的想法、反馈和技术经验	高		
与大学及研究机构的合作开发	低		
商会或行业协会提供的技术信息与培训	高		
总体评价		深度优先的外部知识获取策略	

2. RL汽摩配企业

就RL而言，本研究选择的资深技术人员为其技术中心主任，其于1998年加入该公司，曾参与过汽车气制动阀的技术研发，对整个企业的技术研发情况有深入的了解。在与技术中心主任访谈的过程中，笔者确定了9种对RL而言较为重要的外部知识获取渠道。基于对所有对象的深入访谈，笔者印证了这9种外部知识获取渠道的重要性，并了解了它们的使用程度。如表7-6所示，RL的技术学习深度为3，技术学习广度为9，本研究测度RL实施的为广度优先的外部知识获取策略。下文将针对雇佣集群外同行企业员工、大客户（或上游厂商）提供的技术指导与培训、与大学及研究机构的合作开发这三种知识获取渠道的使用情况或重要程度进行详细说明。

人员流动加速了知识扩散和学习过程，创造出新的知识，同时在企业之间建立起知识联系，是企业获取外部知识的重要渠道（Power & Lundmark，2004）。RL 的发展主要经历了四个阶段：资本的原始积累阶段、企业的初具规模阶段、企业的持续发展阶段、企业的品牌和规模迈上新台阶阶段。在资本的原始积累阶段，RL 的主要产品是汽车电器；在粗具规模阶段，其主要新产品为汽车制动系统；在持续发展阶段和品牌、规模的新台阶阶段，其主要新产品为汽车电子。在不同的阶段，RL 都推出了具备市场竞争力的新产品。聘请集群外的技术人才是 RL 在生产新产品时解决技术难题的主要手段，正如 RL 的技术中心主任所说：

"我们原先主要是做电器，20 世纪 90 年代后开始慢慢转为气制动系统。那时候我们从重庆引入这个行业的很多技术人员，占当时技术人员的 30％ 左右。当时气制动占的比例还不大，汽车电器还是主要的。"（RL 技术中心主任，2009）

"电器技术含量不大，我们切入气制动时候感觉到技术不够，就引进人才了。"（RL 技术中心主任，2009）

Chen（2009）基于对台湾机床行业的研究，指出了用户在企业技术学习过程中起到的重要作用；一方面，用户扮演了创新激励者和机器测试者的角色；另一方面，用户扮演了技术中介的角色，此外，用户还会提供产品说明手册，其中包括详细的说明和指导，这些可作为互补知识来源帮助工程师理解产品中的诀窍。自创建以来，RL 与中国一汽集团、东风集团、上汽集团等 30 多家国内汽车制造厂以及奔驰、雷诺、三菱、丰田、本田、尼桑等欧洲、美洲和日本车系制造企业建立了稳定的合作关系。其中一汽集团于 2011 年宣布 RL 为其首批核心供应商，这表明一汽集团对 RL 产品质量和服务水平的认可。上述大用户（或上游厂商）在 RL 积累技术实力的过程中扮演了重要的角色，以下访谈内容表明了用户作为外部知识获取渠道的重要性。

"最早三菱公司经常到我们公司进行辅导审核，从原材料进厂，一个个工序查下来，一直到产品出货，每一个环节存在什么问题，如何解决，都会指导，完全是按照质量管理体系要求来的。"（RL 汽车零部件分公司经理，2009）

"客户会给我们提供图纸，有沟通反馈的，合作共赢。技术上共同进步，我们产品做不好，汽车上装不上去的。"（RL厂报总编，2009）

集群企业与高校和研究机构的合作有助于其创新能力和持续竞争力的提升（Owen-Smith，Riccaboni，Pammolli et al.，2002）。产业集群内企业遇到技术问题时，它们会向研发组织进行咨询或者委托研发组织进行研发，此时研发组织扮演了技术支持者的角色（Chen，2009）。RL在技术研发的过程中，一方面依靠自身技术力量，另一方面也与大学及研究机构进行合作开发，攻克技术难关。2008年，RL与浙江工贸职业技术学院合作，建立RL机电学院，进行人才培养和技术创新的长期合作。2011年，RL与中国航空无线电电子研究所签订协议，合作开发汽车电子。以下访谈内容表明了与高校及研究机构合作在RL获取外部知识、进行技术创新过程中的重要性及使用情况：

"我们与北京交通大学、同济大学、清华大学、浙江大学都有技术方面的交流。"（RL技术员工，2010年）

"2002年对电涡流缓速器进行改造时，我们是引进技术人员，同时与高校联合研发。"（RL厂报总编，2009）

"与同济大学、浙江大学等合作攻关，我们提供设备、人力、原材料，他们到公司来与我们共同攻关。后面他们提供给我们图纸，有问题我们再共同商讨解决，或者上网跟他们交流。他们的理论比较好、信息量丰富，我们主要借鉴他们的思路。"（RL汽车零部件分公司经理，2010）

表7-6 RL的技术学习策略

技术知识获取渠道	使用程度	技术学习深度	技术学习广度
与集群内其他企业员工的交流和接触	中等		
与集群外其他企业员工的交流和接触	中等		
雇佣来自集群外其他同行企业的员工	高		
大客户（或上游厂商）提供的技术指导与培训	高		
在解决关键客户或特殊用户的技术需求和技术问题过程中获得的想法、反馈和技术经验	中等	3	9
与设备供应商员工接触所获得的想法和技术	中等		
与大学及研究机构的合作开发	高		
商会或行业协会提供的技术信息与培训	低		
来自技术出版物及技术性会议的技术知识	低		
总体评价		广度优先的外部知识获取策略	

三、技术学习惯例

1. TS 模具企业

笔者在对 TS 的三次访谈中确定了其在外部知识获取过程中系统性的技术学习惯例行为。如表 7-7 所示，TS 的技术学习惯例强度为 3.5、技术学习惯例多样性为 4.5，技术学习惯例强度接近于技术学习惯例多样性，表明技术学习惯例强度较大。以下将分别针对知识获取、知识存储、知识激活、知识转化四个阶段中的典型行为进行阐述。

（1）知识获取阶段

培训有助于员工技能的提升（Harabi，1997）。企业开展培训的方式包括组织员工接受关于工艺、产品研发和设备改进的专门课程、工程师的轮岗、技术性访问、进修研究生课程（Figueiredo，2003）。产业集群内的公共机构也会提供产品、工艺相关信息（Yamawaki，2002）。TS 始终贯彻学习型组织这一发展理念，常年开展"创建学习型组织、争做知识型员工"活动，根据岗位要求和专业技能为全体技术员工制订了培训计划，从外界聘请技术专家对员工进行定期培训。同时制定了具体的培训绩效考核体系和奖励体系，将参加培训的课时与考核挂钩，鼓励员工积极参与学习和培训。TS 的内部人员是这样描述其培训体系的：

"中高层出去培训，员工主要是周二、周四培训一小时，按需求培训。专业技术培训每周一次，按部门组织。师傅带徒弟的制度是比较全的，是有激励措施的。比如招进来，一个星期，师傅如果觉得徒弟有可塑性，就带。然后月底考核，总共三个月。三个月考核达到什么标准，就去奖励师傅和徒弟。"（TS 行政管理中心主任，2009）

（2）知识存储阶段

在获取有价值的知识之后，企业应注重保存知识，以备今后在产品和工艺开发的过程中使用。对于缄默性较高的关键性技术，企业倾向于将核心员工留在企业；对于可编码化的知识，企业倾向于保存相关的文档和设计图（Garud & Nayyar，1994；Foster，1971）。TS 多年来致力于建立一个标准的数据库，包含模具生产设计各道工序、各个环节的生产标准,经过多次的完善和试用,这套数据库将于2011年投入使用。正如TS的内部人员所说:

"我们有一个同行数据库,包括同行的技术特点、优势。当客户有需求的时候,我们会去查看数据库,看相关信息是不是到位。"(TS行政管理中心主任,2009)

(3) 知识激活阶段

在激活存储的知识之前,企业要先辨别机会。鼓励技术人员轮岗是辨别机会的方式之一,通常认为最好的技术人员愿意在产品团队中轮岗,并尝试以往未曾研究过的技术(Garud & Nayyar, 1994)。TS激活所存储知识的主要方式是鼓励技术人员轮岗,特别是新进技术人员的轮岗,更能发现企业内部潜在的技术创新机会。以下访谈内容表明了TS技术人员轮岗的重要性和主要形式:

"不管哪类员工都从最基层开始做,从标准件车间开始做,再到其他部门去,每个部门都连续待1~2个月。假如是技术管理的员工,你必须要懂加工工艺、制造流程还有注塑工艺之类。不然直接放到设计部门去,跟闭门造车一样,对整个工艺流程都不懂,设计不出适合的模具……在轮岗的过程中,有的员工比较爱摸索,会提很多建议,有些建议对企业的工艺改进和研发都是很好的点子……"(TS技术质量部经理,2011)

(4) 知识转化阶段

建立研发团队有助于分享个体的缄默知识(Figueiredo, 2003),提高知识转化的效率。在激活相关存储知识、确定创新机会后,TS会确定项目负责人,建立研发团队。TS实施的项目管理制是项目经理在模具事业部统一领导下的全面指挥制。项目经理直接与客户联系,指挥和安排项目设计员、项目管理员、项目营销员、质量检验员、模具班长的工作。以TS技术研发中心的研发团队组建为例:

"从2005年起,TS设计师以项目为单位,8~10个人组一个团队,去完成模具设计。设计作品完成后,到评审小组那里去看是否过关。评审小组有设计、制造、质检多个部门的经理。这样生产出来的模具比较规范一些,质量也上去了。"(塑件项目管理部经理,2010)

表 7-7　TS 的技术学习惯例

	在技术/产品开发过程中	重要性	技术学习惯例强度	技术学习惯例多样性
知识获取	招聘刚毕业的大学生作为工程技术人员	高	7	8
	招聘有经验的工程师	高		
	从行业性展览会上获取相关技术信息和知识	高		
	参加商会或行业协会提供的技术培训	高		
	去本行业内先进企业开展技术性访问	中等		
	鼓励技术人员接受再教育（如硕士、博士课程）/专业性技术培训	高		
	在解决关键客户或特殊用户的技术需求和技术问题过程中获得想法	高		
	从大客户（或上游厂商）处获取技术指导与培训	高		
知识存储	业务部门与研发部门共同决定哪些技术对于企业是重要的	中等	2	3
	对于关键性技术，将拥有该类技术知识的关键员工留在企业	高		
	对产品开发相关的文件和设计图等进行完善的保存和归档	高		
知识激活	鼓励技术人员轮岗	高	2	3
	在企业内部公开在研技术项目相关信息	低		
	定期查阅企业积累的前期技术文档和资料	高		
知识转化	为了重新利用企业前期已开发的技术，组建研发团队	高	3	4
	不同职能部门基于研发项目进行会面讨论	高		
	拥有技术专家，他们能够促进职能部门之间与研发相关的非正式沟通和交流	中等		
	在研发过程，使用仿真、产品模型、绘图等方法促进不同部门之间的沟通	高		
总体评价			3.5	4.5

2. RL 汽摩配企业

笔者在对 RL 的两次访谈中确定了其在外部知识获取过程中系统性的技术学习惯例行为。如表 7-8 所示，RL 的技术学习惯例强度为 2.75，技术学习惯例多样性为 6.75。与 TS 相比，可知 RL 的技术学习惯例多样性较大。以下将分别针对知识获取、知识存储、知识激活、知识转化四个阶段中的典型行为进行阐述。

表 7-8 RL 的技术学习惯例

	在技术/产品开发过程中	重要性	技术学习惯例强度	技术学习惯例多样性
知识获取	招聘刚毕业的大学生作为工程技术人员	中等	5	14
	招聘有经验的工程师	高		
	从技术出版物中获取技术知识	中等		
	从技术性会议中获取技术知识	中等		
	从行业性展览会上获取相关技术信息和知识	高		
	参加商会或行业协会提供的技术培训	中等		
	去本行业内先进企业开展技术性访问	中等		
	鼓励技术人员接受再教育（如硕士、博士课程）/专业性技术培训	高		
	在解决关键客户或特殊用户的技术需求和技术问题过程中获得想法	中等		
	在接触供应商员工的过程中获得想法或技术	中等		
	从大客户（或上游厂商）处获取技术指导与培训	高		
	与高校或研发机构的合作研发	高		
	遇到技术问题，向高校或研发机构咨询	中等		
	在接触高校或研发机构人员的过程中获得想法或技术	中等		
知识存储	收集与该技术相关的市场需求、竞争者动态信息	低	2	5
	业务部门与研发部门共同决定哪些技术对于企业是重要的	中等		
	在决策的过程中通过多种渠道（如面对面交谈、邮件、电话等）进行沟通	中等		
	对于关键性技术，将拥有该类技术知识的关键员工留在企业	高		
	对产品开发相关的文件和设计图等进行完善的保存和归档	高		
知识激活	鼓励技术人员轮岗	中等	2	4
	在企业内部组织研讨会共享技术知识	高		
	在企业内部公开在研技术项目相关信息	高		
	提供激励措施，以鼓励员工挖掘尚未充分利用的已有技术和知识	中等		
知识转化	为了重新利用企业前期已开发的技术，组建研发团队	中等	2	4
	不同职能部门基于研发项目进行会面讨论	高		
	拥有技术专家，他们能够促进职能部门之间与研发相关的非正式沟通和交流	高		
	在研发过程，使用仿真、产品模型、绘图等方法促进不同部门之间的沟通	中等		
	总体评价		2.75	6.75

(1) 知识获取阶段

如上所述，培训是提高员工技能、提升企业技术实力的重要手段（Figueiredo，2003；Yamawaki，2002）。培训已成为 RL 在获取外部知识阶段的技术学习惯例行为之一。RL 与浙江工贸职业技术学院于 2008 年成立 RL 学院，该学院作为 RL 的人才培训基地，根据 RL 的发展需求，定期为企业员工提供技术培训。RL 会提前搜集各个部门、车间的需求，结合公司级的培训方向，制订年度培训计划。每月的培训按照年度计划实施，同时兼顾临时性需求，具体包括内培和外培。外培和三家公司签订长期协议，派遣高层、部长、车间主任、优秀技术员工出去培训；内培主要是新员工入职的安全教育、车间级安全教育，以及质量、工艺、技术方面的培训，定期从 RL 机电学院或其他高校邀请专家对相关人员（质量人员、技术人员）进行培训。

（2）知识存储阶段

知识存储类似于组织记忆，其包括个体记忆和集体记忆（Maryam & Dorothy，2001）。个体记忆主要基于个体的观察、经历和行动（Argyris & Schön，1978）。企业可通过留住核心员工存储知识（Wilson & Hlavacek，1984）。RL 的员工流动率不大，特别是老员工比较稳定，其主要采取了以下措施吸引具备关键性技术的员工：①通过行业协会对技术人员进行测评，认定技术等级后，将工资与技术等级挂钩；②对老员工根据其工龄长短给予津贴；③建设人才村，根据对企业人才的考核，给予相应的购房优惠；④注重对员工的激励，曾把在企业技术中心表现优秀的技术人员送到上海去培训，或者给予职务上的提升。

（3）知识激活阶段

辨别激活机会的另一种方式是在企业内部组织研讨会共享技术知识。在内部研讨会上，企业的工程师和科学家可共同参与，交流不同业务部门之间的思想和创意，促进企业技术创新的持续性（Schlender，1992）。RL 注重企业内部技术人员之间的知识共享，举办周期性的活动以促进不同部门之间人员的交流，以寻求可能的技术整合机会，激活存储中的技术知识。正如 RL 内部技术人员所说：

"每周五下午，公司会举行技术沙龙，由一个技术人员演讲，别人提问。此外，项目组会有一些非正式活动。"（RL 资深技术员工，2010 年）

（4）知识转化阶段

知识转化的瓶颈在于缺少具备跨领域知识的专家（Carlile & Rebentisch，

2003)。解决这一瓶颈需要建立起共同的语言，或共享的方法进行协商和权衡，使得不同领域的专家在共享情境下以一种有形的形式呈现差异和依赖性（Star，1989）。RL 在 2006 年上线了快速响应客户需求的产品设计和生产管理信息系统，借助于该系统，RL 可以动态监控产品性能和质量。一旦发现问题，负责该监控系统的技术人员会立刻与相关研发人员、操作人员、车间管理人员、质量管理部门经理沟通。通过分析检验结果，发现问题所在，并调动各部门力量解决问题。

四、技术创新绩效

1. TS 模具企业

TS 是国内最大的模具设计制造企业之一，具备产品外观设计、模具设计制造、塑料制品生产的综合能力。1994~2000 年，TS 每年平均投入 400 万元资金用于技术研发项目和技改工作。到 2000 年，企业产值由 1000 万元增加到 5000 万元。2001 年 TS 列入浙江省高新技术企业。2004 年，TS 投资 2400 万元引进日本、瑞士等国际先进制造设备，加工能力进一步提升，现拥有东芝、夏米尔等模具加工装备和数控注塑设备 100 多台，成为国家级塑料模具特色基地骨干企业。TS 的技术创新绩效如表 7-9 所示。

首先，TS 在 2008~2010 年开发的代表性新产品数分别为 2、2、3 项。TS 在 2009 年开始往产业链下游发展，不同于以往只生产模具，TS 加强了高端产品的研发，譬如在做好液晶电视机壳模具之后会自行生产，该产品目前 50% 出口至海外，为企业带来良好收益。

其次，TS 在 2008~2010 年被授予的专利数分别为 3、4、3 项。其中 TS 于 2009 年研制的英国路虎汽车后保险杠注塑模，模具型腔深达 85 厘米，型腔及其零件加工均采取了新工艺，在 2010 年的中国国际模具技术和设备展览会取得了较好的反响。

最后，TS 作为国家级塑料模具特色基地骨干企业，产品、技术创新水平已处于国内领先水平。2008 年，企业有 5 项模具产品参加国际评审，其中 3 项获得国际水平奖，1 项获得国内水平奖。

表 7-9　TS 的技术创新绩效

指标	2008 年	2009 年	2010 年	RL 平均水平（2008~2011 年）	与产业集群企业平均水平相比
代表性新产品数	2 项	2 项	3 项	2.3 项	高于平均水平
专利数	3 项	4 项	3 项	3.3 项	高于平均水平
产品创新程度			国内领先水平		高于平均水平
技术创新绩效综合评价			好		

2. RL 汽摩配企业

RL 注重技术研发投入，每年投入科技创新的经费占销售收入的 4% 以上，建立了省级技术中心。自 RL 创建以来，先后开发的汽车气制动阀类产品包括解放、东风、黄河等五大系列 100 多个品种，同时开发生产了液压泵、叶片泵、缓速器等产品，其中市级重点新产品 3 项、省级新产品 6 项。RL 的技术创新绩效如表 7-10 所示。

首先，RL 在 2008~2010 年开发的代表性新产品数分别为 3、4、3 项。其中 2010 年开发的新产品盘式弹簧缸获得了亚洲第一大客车制造商的订单，有助于 2011 年在客车市场销售额的快速增长。此外，由 RL 集团自主研发的轻松换挡产品，在 2010 年获得了中国城市公交协会颁发的"产品创新奖"。RL 也于 2010 年成为浙江省第四批创新型试点，成为技术创新省级试点单位。

其次，RL 在 2008~2010 年被授予的专利数分别为 6、5、7 项。其在 2009 年被授予专利的产品焊接封装电子油门传感器已为一汽集团、东风汽车等汽车制造商大批量配套，市场占有率为国内首位。

最后，RL 作为国家高新技术企业，其产品创新程度已接近国际或国内领先水平。如上所述，RL 在与国外进口产品竞争的过程中，成功获得了为亚洲第一大客车制造商供应盘式弹簧缸的订单，可见 RL 产品的技术含量不亚于国际先进水平。在高端汽车电子产品市场上，RL 则积极与跨国公司竞争，成功研发具备自主品牌的 ABS，目前该产品已为宇通、金龙等配套。此外，RL 于 2011 年获得了一汽集团核心供应商的称号，这表明了一汽集团对于 RL 产品科技含量的认可。

表 7-10　RL 的技术创新绩效

指标	2008 年	2009 年	2010 年	RL 平均水平 （2008～2011 年）	与产业集群企业 平均水平相比
代表性新产品数	3 项	4 项	3 项	3.3 项	高于平均水平
专利数	6 项	5 项	7 项	6 项	高于平均水平
产品创新程度		接近国际、或国内领先水平			高于平均水平
技术创新绩效综合评价			很好		

第四节　技术学习策略对创新绩效作用机制的案例讨论

本研究选取 TS 案例企业分析技术学习惯例强度在技术学习策略与创新绩效关系之间的中介作用，选取 RL 案例企业分析技术学习惯例多样性在技术学习策略与创新绩效关系之间的中介作用。上文已分别对案例企业的技术学习策略、技术学习惯例、技术创新绩效进行了测度，最终结果如表 7-11 所示。

表 7-11　案例企业的技术学习策略、技术学习惯例、创新绩效总结

案例企业	技术学习策略	技术学习 惯例强度	技术学习 惯例多样性	技术创新绩效
TS	深度优先的外部知识获取策略	大	小	好
RL	广度优先的外部知识获取策略	小	大	很好

一、技术学习惯例强度的中介作用分析

假设 13 认为，技术学习惯例强度在深度优先的外部知识获取策略影响技术创新绩效的机制中起中介作用。由以上对 TS 案例企业的分析可知，假设 13 成立。

首先，深度优先的外部知识获取策略对技术学习惯例强度有显著的正向影响。TS 实施的是深度优先的外部知识获取策略，相应地，其技术学习惯例强度较大。这是因为，一方面，惯例是规则指导下的行为模式（Egidi，1996），在深度优先的外部知识获取策略指导下，企业更加倾向于形成强度较大的技术学习惯例。另一方面，深度优先的外部知识获取策略使得企业通过有限的渠道获取外部知识，知识类型相应也受到限制，为了有效利用有限的知识类型，企业会

在组织内部知识管理不同阶段采取特定的行为。

就 TS 而言,其获取外部技术知识的主要渠道为在解决关键客户或特殊用户的技术需求和技术问题过程中获得想法,从大客户(或上游厂商)处获取技术指导与培训,在这个过程中,其获取的知识大多以图纸、文件的形式保存。因此,在知识存储阶段,企业会对产品开发相关的文件和设计图等进行完善的保存和归档。在知识激活阶段,企业会定期查阅企业积累的前期技术文档和资料,以追溯以往保存的知识。在知识转化阶段,企业会在研发过程,使用仿真、产品模型、绘图等方法促进不同部门之间的沟通,促进知识的整合(Carlile & Rebentisch,2003)。可见,实施深度优先外部知识获取策略的企业,其技术学习惯例强度倾向于更大。

其次,技术学习惯例强度对企业的技术创新绩效有显著的正向影响。TS 的技术学习惯例强度较大,相应地,其技术创新绩效较高。这一发现与第六章中基于结构方程建模的实证发现相同,可见本章的案例研究再一次验证了技术学习惯例强度对企业创新绩效之间的正向影响。如前所述,技术学习惯例强度之所以显著正向影响企业的技术创新绩效,是因为:技术学习惯例强度可提升企业技术能力(Figueiredo,2003);同时有助于组织内部研发相关活动的协调(Dosi,Nelson & Winter,2000;Nelson & Winter,1982);并可节约组织有限的认知资源(Becker,2005)。

二、技术学习惯例多样性的中介作用分析

假设 14 认为,技术学习惯例多样性在广度优先的外部知识获取策略影响技术创新绩效的机制中起中介作用。由以上对 RL 案例企业的分析可知,假设 14 成立。

首先,广度优先的外部知识获取策略对技术学习惯例多样性有显著的正向影响。RL 实施的是广度优先的外部知识获取策略,相应地,其技术学习惯例多样性较大。这是因为,一方面,惯例是遵循一定规则下的组织行为,在广度优先的外部知识获取策略的指导下,企业更倾向于形成多样化的技术学习惯例。另一方面,广度优先的外部知识获取策略增加了企业获取的知识类型,不同的知识类型适用的技术学习惯例也不同,因此企业的技术学习惯例多样性也较大。

就 RL 而言，其获取外部知识的渠道较为多样，既包括在解决关键客户或特殊用户的技术需求和技术问题过程中获得想法，也包括与高校、科研机构合作研发等。因此，在知识存储阶段，面对多种类型的技术知识，RL 需要收集与技术相关的市场需求、竞争者动态信息，召集业务部门与研发部门共同决定哪些技术对于企业是重要的，合理分配存储资源以保证知识的可使用性（Levitt & March，1988），然后再以适当的形式储存知识。在知识激活阶段，RL 除了要通过技术人员轮岗、在企业内部组织研讨会共享技术知识、在企业内部公开在研技术项目相关信息寻找机会利用企业已保存的技术知识，还要提供激励措施，以鼓励员工在企业存储的众多不同类型知识中，挖掘尚未充分利用的已有技术和知识。

其次，技术学习惯例多样性对企业的技术创新绩效有显著的正向影响。RL 的技术学习惯例多样性较大，相应地，其技术创新绩效较高。这一发现与第六章中基于结构方程建模的实证发现相同，可知本章的案例研究再一次验证了技术学习惯例多样性与企业创新绩效之间的正向关系。如前所述，技术学习惯例多样性之所以显著正向影响企业的技术创新绩效，是因为：技术学习惯例多样性有助于提升企业的技术能力（Dosi，1988；Zander & Kogut，1995）；同时有助于企业适应动态的技术环境（Gnyawali & Madhavan，2001；Weiss & Heide，1993）。

以往大多数研究关注的是技术学习对企业创新绩效的影响（Ahuja，2000；Ahuja & Katila，2001；Bell，2005；Eraydin & Armatli-Köroğlu，2005；Koschatzky，Bross & Stanovnik，2001；Li，Chu & Lin，2010；Souitaris，2001；Vega-Jurado，Gutierrez-Gracia & Fernandez-de-Lucio，2009），却忽略了技术学习对企业技术创新绩效的作用机制。本研究基于水平/垂直、正式/非正式、集群内/集群外知识获取渠道，重点关注深度优先的外部知识获取策略与广度优先的外部知识获取策略，打开了技术学习对企业技术创新绩效作用机制的黑箱，阐释了企业获取外部技术知识过程及其后的知识处理行为在技术学习策略提升企业技术创新绩效过程中所扮演的角色。实证结果表明，深度优先的外部知识获取策略通过技术学习惯例强度正向影响企业技术创新绩效，广度优先的外部知识获取策略通过技术学习惯例多样性正向影响企业技术创新绩效。

第五节 本章小结

本章提出了技术学习策略影响企业技术创新绩效作用机制的研究模型，在该模型的基础上，通过对两家企业 TS 和 RL 的案例研究，验证了技术学习惯例强度对深度优先的外部知识获取策略与技术创新绩效关系的中介效应，以及技术学习惯例多样性对广度优先的外部知识获取策略与技术创新绩效关系的中介效应。进一步地，根据实证结果，本章针对上述关系进行了讨论。

本章对应的研究问题三的结论总结如图 7-2 所示，假设 13 与假设 14 均通过验证。

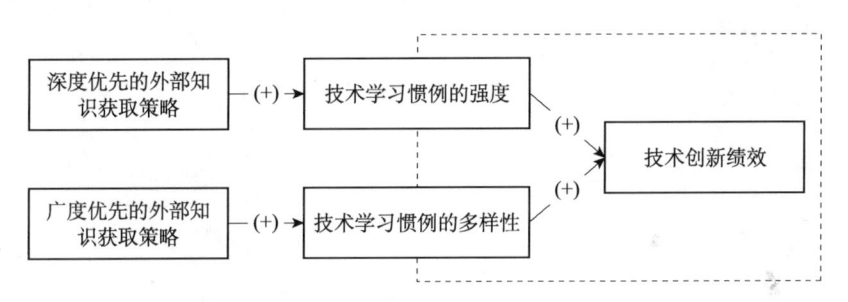

图 7-2　技术学习策略对企业技术创新绩效作用机制模型实证结果

第八章 产业集群中企业提升技术创新绩效的对策

第一节 产业集群中企业技术学习惯例研究的新发现

在总结当前技术学习相关研究不足的基础上，本书关注了以下三个研究问题：①知识属性如何影响企业的技术学习策略？网络属性如何在知识属性与企业技术学习策略的关系之间起调制作用？②知识属性如何通过决定企业的技术学习惯例，从而对企业创新绩效产生影响的？③技术学习策略如何通过决定企业的技术学习惯例，从而对企业创新绩效产生影响的？具体而言，本书基于文献研究构建相关概念模型，提出理论假设；采用问卷调查和案例研究方法收集数据，进行实证分析。本书主要的研究结论体现在以下三个方面。

（1）知识属性对企业的技术学习策略存在显著影响，网络中心性在知识缄默性影响企业技术学习策略的关系中起到重要的调制作用。本书关注了知识缄默性、知识异质性对深度优先的外部知识获取策略、广度优先的外部知识获取策略的影响，以及网络中心性对知识缄默性和技术学习策略关系的调制作用。针对上述相关研究假设，本书具体采用多元线性回归方法对231家企业进行实证分析，结果表明：知识缄默性对深度优先的外部知识获取策略存在显著的正向影响，知识缄默性对广度优先的外部知识获取策略存在显著的负向影响；知识异质性对广度优先的外部知识获取策略存在显著的负向影响；网络中心性对知识缄默性与深度优先的外部知识获取策略之间的关系起到正向的调制作用，也就是说，网络中心性越高，知识缄默性对深度优先的外部知识获取策略的正向影响越显著；网络中心性对知识缄默性与广度优先的外部知识获取策略之间的关系起到负向的调制作用，也就是说，网络中心性越高，知识缄默性对广度优先的外部知识获取策略的负向影响越不显著。

（2）技术学习惯例在知识属性与企业创新绩效的关系之间起中介作用。本书关注了知识缄默性、知识异质性如何通过技术学习惯例强度和多样性的中介作用影响企业的创新绩效。本书构建了技术学习惯例的形成过程及其在知识管理不同阶段具体的行为模式，以此为依据对技术学习惯例进行测度。具体地，本书采用结构方程建模对上述相关假设进行验证，实证结果表明：知识缄默性和知识异质性均对企业的技术创新绩效存在显著的正向影响；此外，技术学习惯例强度和多样性在知识缄默性影响企业创新绩效的关系中起中介作用；技术学习惯例多样性在知识异质性影响企业创新绩效的关系中起中介作用。

（3）技术学习惯例在技术学习策略与企业创新绩效的关系之间起中介作用。本书关注了深度优先的外部知识获取策略如何通过技术学习惯例强度的中介作用影响企业创新绩效，以及广度优先的外部知识获取策略如何通过技术学习惯例多样性的中介作用影响企业创新绩效。本书具体采用案例研究方法进行实证分析，结果表明：技术学习惯例强度在深度优先的外部知识获取策略影响技术创新绩效的关系中起中介作用，技术学习惯例多样性在广度优先的外部知识获取策略影响技术创新绩效的关系中起中介作用。

第二节　产业集群中企业提升技术创新绩效的建议

本书以制造业产业集群中的企业为研究对象，探讨了企业技术学习策略的影响因素、知识属性对企业创新绩效的作用机制，以及技术学习策略对企业创新绩效的作用机制。本书的研究发现对于我国制造业产业集群内的企业进行技术学习、提高自身技术能力、实现转型升级有以下实践启示。

（1）企业应根据产品与工艺开发中的知识属性以及自身在产业集群企业网络中的中心性选择适当的技术学习策略。

就产品与工艺开发中涉及的技术知识而言，当知识缄默性较高时，企业应选取较为重要的知识获取渠道，将资源和精力放在这些知识获取渠道的开拓和维持上，深度利用这些渠道，以获取和吸收足够的缄默知识。当知识异质性较高时，企业则更多地依赖于自身进行产品和工艺的开发。

此外，如果企业位于产业集群内知识网络中较为中心的位置，当知识缄默性较高时，企业更易于采取深度优先的知识获取策略和广度优先的知识获取策略，这是因为网络中心性有助于企业获得更多的资源和信息（von Hippel, 1988; Wasserman & Faust, 1994）。

由上可知，企业应根据自身的知识属性和网络属性选择适当的技术学习策略。具体而言，当企业处于产业集群内知识网络中心的位置时，知识缄默性越高，企业越适宜采取深度优先的外部知识获取策略。

（2）企业应根据产品和工艺开发中的知识属性，构建与之匹配的技术学习惯例，从而提升创新绩效。

就产品与工艺开发改进中涉及的技术知识而言，当知识缄默性较高时，企业应构建多样化的技术学习惯例，以获取、存储、激活、转化技术知识。具体而言，在知识获取阶段，企业可通过聘请人才、与供应商和用户进行互动、与高校和研发机构进行互动获取外部知识；在知识存储阶段，企业可收集与该技术相关的市场需求、竞争者动态信息，由业务部门与研发部门共同决定哪些技术对于企业是重要的，在决策的过程中通过多种渠道（如面对面交谈、邮件、电话等）进行沟通，决定需要存储的技术知识；在知识激活阶段，企业可通过鼓励技术人员轮岗、在企业内部组织研讨会共享技术知识、在企业内部公开在研技术项目相关信息进行；在知识转化阶段，企业的不同职能部门可基于研发项目进行会面讨论，通过技术专家促进职能部门之间与研发相关的非正式沟通和交流，使用仿真、产品模型、绘图等方法促进不同部门之间的沟通，以最终对存储的技术知识进行使用。

对于构建起来的技术学习惯例，企业应付出资源和精力维持和使用，促进组织内部就获取、吸收、利用缄默知识进行协调（Becker, 2005）、节约认知资源（Cyert & March, 1963）、提升技术能力（Figueiredo, 2003），从而提高创新绩效。

（3）企业应根据自身的技术学习策略，构建与之匹配的技术学习惯例，从而提升创新绩效。

企业在根据知识属性和网络属性选择适当的技术学习策略之后，还应构建与技术学习策略匹配的技术学习惯例，以减少协调问题（Becker，2005）、节约认知资源（Cyert & March，1963）、适应动态的技术环境（Glazer，1991），从而提高创新绩效。

具体而言，当实施深度优先的外部知识获取策略时，企业应加大技术学习惯例的强度，这是因为特定的知识获取渠道需要特定的技术学习惯例来获取知识，并对知识进行存储、激活和转化。相应地，企业应加大对特定技术学习惯例的使用频率。

当实施广度优先的外部知识获取策略时，企业应采用多样化的技术学习惯例，这是因为，企业通过多样化的渠道获取外部技术知识，针对不同的渠道所要采取和匹配的惯例也不同。为了获取、存储、激活和转化不同渠道的知识，相应地，企业也应采取多样化的技术学习惯例。

第三节　研究局限与未来研究方向

尽管本书得出了一定的研究结论，弥补了以往研究的不足，但由于研究问题的复杂性，以及笔者的精力所囿，本书尚存在以下不足。

（1）数据收集：笔者通过多种渠道发放和回收问卷，对回收数据的回复偏差和共同方法偏差均进行了检验，这表明了本书数据质量的可靠性。但由于笔者所处地理区域的限制，本书回收的问卷样本大多属于浙江省的制造业产业集群，其他省份的产业集群内企业样本占比较少，不同区域的产业集群内企业技术学习行为可能存在差异，这可能会影响本书的研究普适性。

（2）变量测度：考虑到数据的可获得性，本书基于Likert 7点量表对技术创新绩效、对网络中心性进行测度，在设计这两个变量的测度时以相关文献为依据，且对数据进行信度检验和效度检验。尽管技术创新绩效和网络中心性均通过信度检验和效度检验，表明了本书对其变量测度的科学性和规范性。但就技术创新绩效而言，如果能基于客观数据对其测度，将会更精确地反映企业的技术创新结果；就网络中心性而言，本书主要基于企业的主观评价进行测度，如果能通过构建整个网络、进而计算网络中心性的方式对其测度，将会更为客观地反映企业的网络中心性。

企业层面的技术学习和创新行为是现有产业集群相关研究的重点，未来可进一步研究的方向包括以下方面。

（1）在企业技术学习策略的知识属性影响因素中纳入除缄默性和异质性之外的知识属性，如复杂性、相互依赖性等。本书主要关注了知识缄默性和知识异质性对于企业技术学习策略的作用机制，以及知识缄默性和知识异质性对于企业创新绩效的作用机制。今后研究可考虑知识的其他属性对于企业技术学习策略的影响，以及对于企业创新绩效的作用机制。

（2）关注技术学习惯例在企业不同发展阶段的演化过程。子研究二针对技术学习惯例的横截面数据进行实证分析，子研究三关注了技术学习策略确定后企业的技术学习惯例。今后研究可更为细致地探讨在企业发展的不同阶段，技术学习惯例是如何演化和形成的，其强度和多样性在不同阶段是如何变化的，对技术学习惯例进行更为深入和纵向的探讨。

参考文献

陈琦. 2010. 企业电子商务商业模式设计：IT资源前因与绩效结果. 浙江大学博士学位论文.

侯杰泰，温忠麟，成子娟. 2004. 结构方程模型及其应用. 北京：教育科学出版社.

李怀祖. 2004. 管理研究方法论. 西安：西安交通大学出版社.

刘雪峰. 2007. 网络嵌入性与差异化战略及企业绩效关系研究. 浙江大学博士学位论文.

马庆国. 2002. 管理统计：数据获取、统计原理SPSS工具与应用研究. 北京：科学出版社.

彭新敏. 2009. 企业网络对技术创新绩效的作用机制研究：利用性—探索性学习的中介效应. 浙江大学博士学位论文.

汪少华，汪佳蕾. 2007. 浙江产业集群高级化演进与区域创新网络研究. 科学学研究，25（6）：1244-1248.

王晓娟. 2007. 知识网络与集群企业竞争优势研究. 浙江大学博士学位论文.

温忠麟，侯杰泰，张雷. 2005. 调节效应与中介效应的比较和应用. 心理学报，37（2）：268-274.

许冠南. 2008. 关系嵌入性对技术创新绩效的影响研究. 浙江大学博士学位论文.

尹秋霞. 2007. 知识密集产业企业间缄默知识传递方式及影响因素研究. 浙江大学硕士学位论文.

应洪斌. 2011. 产业集群中关系嵌入性对企业创新绩效的影响机制研究：基于关系内容的视角. 浙江大学博士学位论文.

郑素丽. 2008. 组织间资源对企业创新绩效的作用机制研究. 浙江大学博士学位论文.

Ahuja G. 2000. Collaboration networks, structural holes, and innovation: A longitudinal study. Administrative Science Quarterly, 45: 425-455.

Ahuja G, Katila R. 2001. Technological acquisitions and the innovation performance of acquiring firms: A longitudinal study. Strategic Management Journal, 22 (3): 197-220.

Albino V, Garavelli A C, Schiuma G. 1998. Knowledge transfer and inter-firm relationships in industrial districts: The role of the leader firm. Technovation, 19 (1): 53-63.

Almeida P, Kogut B. 1999. Localization of knowledge and the mobility of engineers in regional networks. Management Science, 45 (7): 905-917.

Amabile T. 1996. Creativity in Context. Boulder, CO: Westview Press.

Anand V, Clark M, Zellmer-Bruhn M. 2003. Team knowledge structures: Matching task to information environment. Journal of Managerial Issues, 15 (1): 15-33.

Antonelli C. 2000. Collective knowledge communication and innovation: The evidence of technological districts. Regional Studies, 34 (6): 535-547.

Appleyard M. 1996. How does knowledge flow? Interfirm patterns in the semiconductor industry. Strategic Management Journal, 17: 137-154.

Argote L, Beckman S, Epple D. 1990. The persistence and transfer of learning in industrial settings. Management Science, 36 (2): 140-154.

Argote L, Ingram P. 2000. Knowledge transfer: A basis for competitive advantage in firms. Organizational Behavior and Human Decision Processes, 82 (1): 150-169.

Argote L, McEvily B, Reagans R. 2003. Managing knowledge in organizations: An integrative framework and review of emerging themes. Management Science, 49 (4): 571-582.

Argyris C, Schön D A. 1978. Organizational learning: A theory of action perspective. Reading, MA, 10 (4), 345-348.

Arrow K. 1962. The economic implications of learning by doing. The Review of Economic Studies, 29 (3): 155-173.

Astley W, Sachdeva P. 1984. Structural sources of intraorganizational power: A theoretical synthesis. Academy of Management Review, 9 (1): 104-113.

Audretsch D, Feldman M. 1996. R&D spillovers and the geography of innovation and production. The American Economic Review, 86 (3): 630-640.

Baldwin T, Bedell M, Johnson J. 1997. The social fabric of a team-based MBA program: Network effects on student satisfaction and performance. Academy of Management Journal, 40 (6): 1369-1397.

Baptista R, Swann P. 1998. Do firms in clusters innovate more? Research Policy, 27 (5): 525-540.

Barney J. 1991. Firm resources and sustained competitive advantage. Journal of Management, 17 (1): 99-120.

Becker M C. 2004. Organizational routines: A review of the literature. Industrial Corporate Change, 13 (4): 643-678.

Becker M C. 2005. A framework for applying organizational routines in empirical research: Linking antecedents, characteristics and performance outcomes of recurrent interaction patterns. Industrial Corporate Change, 14 (5): 817-846.

Bell G. 2005. Clusters, networks, and firm innovativeness. Strategic Management Journal, 26 (3): 287-295.

Bell M, Albu M. 1999. Knowledge systems and technological dynamism in industrial clusters in developing countries. World Development, 27 (9): 1715-1734.

Bell M, Hobday M, Abdullah S, et al. 1996. Aiming for 2020: A demand-driven perspective on industrial technology policy in Malaysia. Final report to Ministry of Science, Technology and Environment (Malaysia). World Bank/United Nations Development Programme.

Bernard L S. 2004. An empirical investigation of the process of knowledge transfer in international strategic alliances. Journal of International Business Studies, 35 (5): 407-427.

Bessant J, Francis D. 1999. Developing strategic continuous improvement capability. International Journal of Operations & Production Management, 19 (11): 1106-1119.

Bierly III P E, Damanpour F, Santoro M D. 2009. The application of external knowledge: Organizational conditions for exploration and exploitation. Journal of Management Studies, 46 (3): 481-509.

Birkinshaw J, Hamel G, Mol M J. 2008. Management innovation. The Academy of Management Review, 33 (4): 825-845.

Bollen K A, Long J S. 1993. Testing structural equation models. Thousand Oaks, CA, US: Sage Publications, Inc.

Bonner J M, Walker O C. 2004. Selecting influential business-to-business customers in new product development: Relational embeddedness and knowledge heterogeneity considerations. Journal of Product Innovation Management, 21 (3): 155-169.

Borys B, Jemison D. 1989. Hybrid arrangements as strategic alliances: Theoretical issues in organizational combinations. Academy of Management Review, 14 (2): 234-249.

Boschma R. 2005. Proximity and innovation: A critical assessment. Regional Studies, 39 (1): 61-74.

Boschma R, ter Wal A. 2007. Knowledge networks and innovative performance in an industrial district: The case of a footwear district in the South of Italy. Industry & Innovation, 14 (2): 177-199.

Bourdieu P. 1995. Outline of a Theory of Practice. Cambridge: Cambridge University Press.

Brass D. 1984. Being in the right place: A structural analysis of individual influence in an organization. Administrative Science Quarterly, 29 (4): 518-539.

Breschi S, Lissoni F. 2001a. Knowledge spillovers and local innovation systems: A critical survey. Industrial and Corporate Change, 10 (4): 975-993.

Breschi S, Lissoni F. 2001b. Localised knowledge spillovers vs. innovative milieux: Knowledge "tacitness" reconsidered. Papers in Regional Science, 80 (3): 255-273.

Breschi S, Malerba F. 2001. The geography of innovation and economic clustering: Some introductory notes. Industrial and Corporate Change, 10 (4): 817-833.

Brown J, Duguid P. 1991. Organizational learning and communities-of-practice: Toward a unified view of working, learning, and innovation. Organization Science, 2 (1): 40-57.

Brown J, Hendry C. 1997. Industrial districts and supply chains as vehicles for managerial and organizational learning. International Studies of Management & Organization, 27 (4): 127-157.

Burt R. 1980. Models of network structure. Annual Review of Sociology, 6: 79-141.

Burt R. 1987. Social contagion and innovation: Cohesion versus structural equivalence. American Journal of Sociology, 92 (6): 1287-1335.

Burt R. 1995. Structural holes: The social structure of competition. Cambridge, MA: Harvard University Press.

Burt R. 2004. Structural holes and good ideas. American Journal of Sociology, 110 (2): 349-399.

Camagni R. 1991. Local 'milieu', uncertainty and innovation networks: Towards a new dynamic theory of economic space. Innovation networks: spatial perspectives. Camagni (London: Belhaven Press), 12 (1): 123-144.

Caniëls M, Romijn H. 2005. What drives innovativeness in industrial clusters? Transcending the debate. Cambridge Journal of Economics, 29 (4): 497-515.

Capello R. 1999. SME clustering and factor productivity: A milieu production function model. European Planning Studies, 7 (6): 719-735.

Capello R, Faggian A. 2005. Collective learning and relational capital in local innovation processes. Regional Studies, 39 (1): 75-87.

Carayannis E, Alexander J. 2002. Is technological learning a firm core competence, when, how and why? A longitudinal, multi-industry study of firm technological learning and market performance. Technovation, 22 (10): 625-643.

Carayannis E, Popescu D, Sipp C, et al. 2006. Technological learning for entrepreneurial development (TL4ED) in the knowledge economy (KE): Case studies and lessons learned. Technovation, 26 (4): 419-443.

Carbonara N. 2004. Innovation processes within geographical clusters: A cognitive approach. Technovation, 24 (1): 17-28.

Carbonell P, Rodriguez A. I. 2006. Designing teams for speedy product development: The moderating effect of technological complexity. Journal of Business Research, 59 (2): 225-232.

Carlile P. 2002. A pragmatic view of knowledge and boundaries: Boundary objects in new product development. Organization Science, 13 (4): 442-455.

Carlile P R. 2004. Transferring, translating, and transforming: An integrative framework for managing knowledge across boundaries. Organization Science, 15 (5): 555-568.

Carlile P R, Rebentisch E S. 2003. Into the black box: The knowledge transformation cycle. Management Science, 49 (9): 1180-1195.

Carter A. 1989. Know-how trading as economic exchange. Research Policy, 18 (3): 155-163.

Casper S. 2007. How do technology clusters emerge and become sustainable? Social network formation and inter-firm mobility within the San Diego biotechnology cluster. Research Policy, 36 (4): 438-455.

Castells M. 2000. The rise of the network society. Malden, MA: Blackwell.

Cavusgil S, Calantone R, Zhao Y. 2003. Tacit knowledge transfer and firm innovation capability. Journal of Business & Industrial Marketing, 18 (1): 6-21.

Chen L. 2009. Learning through informal local and global linkages: The case of Taiwan's machine tool industry. Research Policy, 38 (3): 527-535.

Child J. 1984. Organization: A guide to problems and practice. 2nd edn. London: Harper & Row.

Churchill Jr. G. 1979. A paradigm for developing better measures of marketing constructs. Journal of Marketing Research, 16 (1): 64-73.

Cohen M, Bacdayan P. Organizational routines are stored as procedural memory: evidence from a laboratory study. Organizational Science, 1994, 5: 554-568.

Cohen M, Burkhart R, Dosi G, et al. 1996. Routines and other recurring action patterns of organizations: Contemporary research issues. Industrial and Corporate Change, 5 (3): 653-698.

Cohen W M, Levinthal D A. 1990. Absorptive capacity: A new perspective on learning and innovation. Administrative Science Quarterly, 35 (1): 128-152.

Coleman J. 1994. Foundations of social theory. Cambridge, MA: Belknap Press.

Conner K. 1988. Strategies for product cannibalization. Strategic Management Journal, 9: 9-26.

Conner K R, Prahalad C K. 1996. A resource-based theory of the firm: Knowledge versus opportunism. Organization Science, 7 (5): 477-501.

Cook K, Emerson R. 1978. Power, equity and commitment in exchange networks. American Sociological Review, 43 (5): 721-739.

Coombs R, Hull R. 1998. 'Knowledge management practices' and path-dependency in innovation. Research Policy, 27 (3): 239-256.

Crossan M, Inkpen A. 1995. The subtle art of learning through alliances. Business Quarterly, 60: 68-68.

Cyert R, March J. 1963. A Behavioral Theory of the Firm. Englewood Cliffs, NJ: Prentice-Hall.

Daft R, Lengel R. 1984. Information richness: A new approach to managerial information processing and organization design. Research in Organizational Behavior, 6: 191-233.

Daft R, Lengel R. 1986. Organizational information requirements, media richness and structural design. Management Science, 32 (5): 554-571.

Daft R, Sormunen J, Parks D. 1988. Chief executive scanning, environmental characteristics, and company performance: An empirical study. Strategic Management Journal, 9 (2): 123-139.

Dahl M. 2002. Embedded knowledge flows through labor mobility in regional clusters in Denmark. DRUID's New Economy Conference, Copenhagen.

Dahl M, Pedersen C. 2004. Knowledge flows through informal contacts in industrial clusters: Myth or reality? Research Policy, 33 (10): 1673-1686.

Davenport T, Prusak L, Wills G, et al. 1998. Working Knowledge. Boston, MA: Harvard Business School Press.

Delamont S, Atkinson P. 2001. Doctoring uncertainty. Social Studies of Science, 31 (1): 87.

Dhanaraj C, Lyles M, Steensma H, et al. 2004. Managing tacit and explicit knowledge transfer in IJVs: The role of relational embeddedness and the impact on performance. Journal of International Business Studies, 35 (5): 428-443.

Ding L, Velicer W F, Harlow L L. 1995. Effects of estimation methods, number of indicators per factor, and improper solutions on structural equation modeling fit indices. Structural Equation Modeling: A Multidisciplinary Journal, 2 (2): 119-143.

Dodgson M. 1991. The management of technological learning: Lessons from a biotechnology company. Berlin and New York: : De Gruyter.

Dodgson M. 1993. Organizational learning: A review of some literatures. Organization Studies, 14 (3): 375-394.

Dosi G. 1988. Sources, procedures, and microeconomic effects of innovation. Journal of Economic Literature, 26 (3): 1120-1171.

Dosi G. 1997. Opportunities, incentives and the collective patterns of technological change. The Economic Journal, 107 (444): 1530-1547.

Dosi G, Nelson R, Winter S. 2000. The nature and dynamics of organizational capabilities. New York: Oxford University Press.

Dosi G, Teece D, Winter S. 1992. Toward a theory of corporate coherence: Preliminary remarks. In: Dosi G, Giannetti R & Toninell P A. Technology and enterprise in a historical perspective, Oxford: Clarendon Press, 1992, 185-211.

Dunn S, Seaker R, Waller M. 1994. Latent variables in business logistics research: Scale development and validation. Journal of Business Logistics, 15: 145.

Du R, Ai S, Ren Y. 2007. Relationship between knowledge sharing and performance: A survey in Xi'an, China. Expert Systems with Applications, 32 (1): 38-46.

Dyer Jr. W G, Wilkins A L. 1991. Better stories, not better constructs, to generate better theory: A rejoinder to Eisenhardt. Academy of Management Review, 613-619.

Dyer J, Singh H. 1998. The relational view: Cooperative strategy and sources of interorganizational competitive advantage. Academy of Management Review, 23 (4): 660-679.

Egidi M. 1996. Routines, hierarchies of problems, procedural behaviour: some evidence from experiments. Working Paper, Computable and Experimental Economics Laboratory, University of Trento, 303-333.

Eisenhardt K M. 1989. Building theories from case study research. Academy of Management Review, 14 (4): 532-550.

Eisenhardt K, Martin J. 2000. Dynamic capabilities: What are they? Strategic Management Journal, 21 (10/11): 1105-1121.

ElSawy O, Pauchant T. 1988. Triggers, templates and twitches in the tracking of emerging strategic issues. Strategic Management Journal, 9 (5): 455-473.

Eraydin A, Armatli-Köroğlu B. 2005. Innovation, networking and the new industrial clusters: the characteristics of networks and local innovation capabilities in the Turkish industrial clusters. Entrepreneurship & Regional Development, 17 (4): 237-266.

Fahey L, Prusak L. 1998. The eleven deadliest sins of knowledge management. California Management Review, 40 (3): 265-276.

Faulkner W, Senker J. 1996. Networks, Tacit Knowledge and Innovation//Coombs R, Richards A, Saviotti P P, et al. Technological Collaboration: The Dynamics of Cooperation and Industrial Innovation, Cheltenham, UK and Brookfield. USA: Edward Elgar: 76-97.

Feldman M, Pentland B. 2003. Reconceptualizing organizational routines as a source of flexibility and change. Administrative Science Quarterly, 48 (1): 94-121.

Feldman M, Rafaeli A. 2002. Organizational routines as sources of connections and understandings. Journal of Management Studies, 39 (3): 309-331.

Feldman M S. 2000. Organizational routines as a source of continuous change. Organization Science, 11 (6), 611-629.

Feldman M S. 2003. A performative perspective on stability and change in organizational routines. Industrial and corporate change, 12 (4), 727-752.

Figueiredo P. 2002. Does technological learning pay off? Inter-firm differences in technological capability-accumulation paths and operational performance improvement. Research Policy, 31 (1): 73-94.

Figueiredo P. 2003. Learning, capability accumulation and firms differences: Evidence from latecomer steel. Industrial and Corporate Change, 12 (3): 607-643.

Foster R N. 1971. Organize for technology transfer. Harvard Business Review, 49 (6): 110-120.

Fowler F. 2009. Survey Research Methods. Newbury Park, California: Sage Publications, Inc.

Freeman C. 1991. Networks of innovators: A synthesis of research issues. Research Policy, 20 (5): 499-514.

Freeman C. 1994. The economics of technical change. Cambridge Journal of Economics, 18 (5): 463-514.

Garud R, Nayyar P R. 1994. Transformative capacity: Continual structuring by intertemporal technology transfer. Strategic Management Journal, 15 (5): 365-385.

Gay B, Dousset B. 2005. Innovation and network structural dynamics: Study of the alliance network of a major sector of the biotechnology industry. Research Policy, 34 (10): 1457-1475.

Gersick C, Hackman J. 1990. Habitual routines in task-performing groups. Organizational Behavior and Human Decision Processes, 47 (1): 65-97.

Ghiselli E E, Campbell J P, Zedeck S. 1981. Measurement theory for the behavioral sciences. San Francisco: Freeman.

Gilbert B, McDougall P, Audretsch D. 2008. Clusters, knowledge spillovers and new venture performance: An empirical examination. Journal of Business Venturing, 23 (4): 405-422.

Gilbert M, CordeyHayes M. 1996. Understanding the process of knowledge transfer to achieve successful technological innovation. Technovation, 16 (6): 301-312.

Gilsing V A, Duysters G M. 2008. Understanding novelty creation in exploration networks—Structural and relational embeddedness jointly considered. Technovation, 28 (10): 693-708.

Gilsing V, Nooteboom B, Vanhaverbeke W, et al. 2008. Network embeddedness and the exploration of novel technologies: Technological distance, betweenness centrality and density. Research Policy, 37 (10): 1717-1731.

Gittell J. 2002. Coordinating mechanisms in care provider groups: Relational coordination as a mediator and input uncertainty as a moderator of performance effects. Management Science, 48 (11): 1408-1426.

Giuliani E. 2007. The selective nature of knowledge networks in clusters: Evidence from the wine industry. Journal of Economic Geography, 7 (2): 139-168.

Giuliani E, Bell M. 2005. The micro-determinants of meso-level learning and innovation: Evidence from a Chilean wine cluster. Research Policy, 34 (1): 47-68.

Glaser B, Strauss A. 1967. Grounded Theory: The Discovery of Grounded Theory. New York: Alpine de Gruyter.

Glazer R. 1991. Marketing in an information-intensive environment: Strategic implications of knowledge as an asset. The Journal of marketing, 55 (4): 1-19.

Glazer R, Weiss A. 1993. Marketing in turbulent environments: Decision processes and the time-sensitivity of information. Journal of Marketing Research, 30 (4): 509-521.

Gnyawali D, Madhavan R. 2001. Cooperative networks and competitive dynamics: A structural embeddedness perspective. Academy of Management Review, 26 (3): 431-445.

Graham M. 1988. The business of research: RCA and the VideoDisc. New York: Cambridge University Press.

Granovetter M. 1985. Economic action and social structure: The problem of embeddedness. American Journal of Sociology, 91 (3): 481-510.

Grant R M. 1996. Toward a knowledge-based theory of the firm. Strategic Management Journal, 17: 109-122.

Griliches Z. 1990. Patent statistics as economic indicators: A survey. Journal of Economic Literature, 28 (4): 1661-1707.

Grimpe C, Sofka W. 2009. Search patterns and absorptive capacity: Low-and high-technology sectors in European countries. Research Policy, 38 (3): 495-506.

Gross N. 1992. Inside Hitachi. Business Week, September 29, 92-100.

Gulati R. 1999. Network location and learning: The influence of network resources and firm capabilities on alliance formation. Strategic Management Journal, 20 (5): 397-420.

Guo B, Guo J. 2011. Patterns of technological learning within the knowledge systems of industrial clusters in emerging economies: Evidence from China. Technovation, In press.

Gupta A, Govindarajan V. 2000. Knowledge flows within multinational corporations. Strategic Management Journal, 21 (4), 473-496.

Gupta U. 1989. MBA students try to revive dead ideas. Wall Street Journal, 15 (April): 2.

Haas M, Hansen M. 2007. Different knowledge, different benefits: Toward a productivity perspective on knowledge sharing in organizations. Strategic Management Journal, 28 (11): 1133-1153.

Hales M, Tidd J. 2009. The practice of routines and representations in design and development. Industrial and Corporat Change, 18 (4): 551-574.

Hamel G. 1991. Competition for competence and interpartner learning within international strategic alliances. Strategic Management Journal, 12 (S1): 83-103.

Hansen M. 1999. The search-transfer problem: The role of weak ties in sharing knowledge across organization subunits. Administrative Science Quarterly, 44 (1): 82-85.

Harabi N. 1997. Channels of R&D spillovers: An empirical investigation of Swiss firms. Technovation, 17 (11/12): 627-635.

Hargadon A, Sutton R. 1997. Technology brokering and innovation in a product development firm. Administrative Science Quarterly, 716-749.

Harrison B. 1992. Industrial districts: old wine in new bottles? Regional Studies, 26 (5): 469-483.

Hatcher L. 1994. A step-by-step approach to using the SAS system for factor analysis and structural equation modeling. Cary, NC: SAS Publishing.

Hedlund G. 1994. A model of knowledge management and the N-form corporation. Strategic Management Journal, 15 (S2): 73-90.

Hedlund G, Zander U. 1993. Architectonic and list-like knowledge structuring: A critique of modern concepts of knowledge management. Research paper 93/2, Institute of International Business at the Stockholm School of Economics, Stockholm.

Henderson R, Clark K. 1990. Architectural innovation: The reconfiguration of existing product technologies and the failure of established firms. Administrative Science Quarterly, 35 (1): 9-30.

Hendry C, Arthur M, Jones A. 1995. Strategy through People: Adaptation and Learning in the Small-Medium Enterprise. London, UK: Routledge.

Hitt M, Ireland R, Lee H. 2000. Technological learning, knowledge management, firm growth and performance: An introductory essay. Journal of Engineering and Technology Management, 17 (3/4): 231-246.

Hobday M. 1998. Product complexity, innovation and industrial organisation. Research Policy, 26 (6): 689-710.

Holtham C, Courtney N. 1998. The executive learning ladder: A knowledge creation process grounded in the strategic information systems domain. Proceedings of the 4th Americas Conference on Information Systems, Association for Information Systems, Baltimore, MD. 594-597.

Howells J. 1996. Tacit knowledge, innovation and technology transfer. Technology Analysis & Strategic Management, 8 (2): 91-106.

Howells J R L. 2002. Tacit knowledge, innovation and economic geography. Urban Studies, 39 (5/6): 871-884.

Huber G. 1991. Organizational learning: The contributing processes and the literatures. Organization Science, 2 (1): 88-115.

Huber G. 2009. Organizational learning: a guide for executives in technology-critical organizations. International Journal of Technology Management, 7 (8): 821-832.

Ibarra H. 1993. Network centrality, power, and innovation involvement: Determinants of technical and administrative roles. The Academy of Management Journal, 36 (3): 471-501.

Imai K. 1991. Globalization and Cross-Border Networks of Japanese Firms. Japan in a Global Economy Conference, Stockholm.

Ingram P, Roberts P. 2000. Friendships among competitors in the sydney hotel industry. American Journal of Sociology, 106 (2): 387-423.

Inkpen A. 2000. Learning through joint ventures: A framework of knowledge acquisition. Journal of Management Studies, 37 (7): 1019-1044.

Inkpen A, Tsang E. 2005. Social capital, networks, and knowledge transfer. Academy of Management Review, 30 (1): 146-165.

Jacquemin A, Berry C. 1979. Entropy measure of diversification and corporate growth. The Journal of Industrial Economics, 27 (4): 359-369.

Jaffe A. 1989. Real effects of academic research. The American Economic Review, 79 (5): 957-970.

Jaffe A B, Trajtenberg M, Henderson R. 1993. Geographic localization of knowledge spillovers as evidenced by patent citations. The Quarterly Journal of Economics, 108 (3): 577-598.

Jaworski B, Kohli A. 1993. Market orientation: antecedents and consequences. The Journal of marketing,

57（3）：53-70.

Johanson J，Vahlne J. 1977. The internationalization process of the firm—a model of knowledge development and increasing foreign market commitments. Journal of International Business Studies，8（1）：23-32.

Jo R，Richard H，Bella Ya-Hui L，et al. 2008. Factors influencing organizational knowledge transfer：Implication for corporate performance. Journal of Knowledge Management，12（3）：84.

Kash D，Rycroft R. 2002. Emerging patterns of complex technological innovation. Technological Forecasting and Social Change，69（6）：581-606.

Katila R，Ahuja G. 2002. Something old，something new：A longitudinal study of search behavior and new product introduction. Academy of Management Journal，45（6）：1183-1194.

Katrak H. 1997. The private use of publicly funded industrial technologies in developing countries：Empirical tests for an industrial research institute in India. World Development，25（9）：1541-1550.

Kaufmann A，Tödtling F. 2001. Science-industry interaction in the process of innovation：the importance of boundary-crossing between systems. Research Policy，30（5）：791-804.

Keeble D，Wilkinson F. 1999. Collective learning and knowledge development in the evolution of regional clusters of high technology SMEs in Europe. Regional Studies，33（4）：295-303.

Kessler E，Bierly P，Gopalakrishnan S. 2000. Internal vs. external learning in new product development：effects on speed，costs and competitive advantage. R&D Management，30（3）：213-224.

Keupp M M，Gassmann O. 2009. Determinants and archetype users of open innovation. R & D Management，39（4）：331-341.

Kikoski C，Kikoski J. 2004. The Inquiring Organization：Tacit Knowledge，Conversation，and Knowledge Creation：Skills For 21st-Century Organizations. Westport，CT and London：Praeger.

Klein K J，Lim B-C，Saltz J L，et al. 2004. How do they get there? An examination of the antecedents of centrality in team networks. The Academy of Management Journal，47（6）：952-963.

Knott A，McKelvey B. 1999. Nirvana efficiency：A comparative test of residual claims and routines. Journal of Economic Behavior & Organization，38（4）：365-383.

Ko D，Kirsch L，King W. 2005. Antecedents of knowledge transfer from consultants to clients in enterprise system implementations. MIS Quarterly，29（1）：59-85.

Kogut B. 1988. Joint ventures：Theoretical and empirical perspectives. Strategic Management Journal，9（4）：319-332.

Kogut B，Zander U. 1993. Knowledge of the firm and the evolutionary theory of the multinational corporation. Journal of International Business Studies，24（4）：625-645.

Kogut B，Zander U. 2003. Knowledge of the firm and the evolutionary theory of the multinational corporation. Journal of International Business Studies，34（6）：516-529.

Koschatzky K，Bross U，Stanovnik P. 2001. Development and innovation potential in the Slovene manufacturing industry: Analysis of an industrial innovation survey. Technovation, 21 (5): 311-324.

Krugman P R. 1991. Geography and Trade. Leuven and Cambridge, MA: Leuven University Press and MIT Press.

Lane P, Lubatkin M. 1998. Relative absorptive capacity and interorganizational learning. Strategic Management Journal, 19 (5): 461-477.

Lane P, Salk J, Lyles M. 2001. Absorptive capacity, learning, and performance in international joint ventures. Strategic Management Journal, 22 (12): 1139-1161.

Lapré M, van Wassenhove L. 2001. Creating and transferring knowledge for productivity improvement in factories. Management Science, 47 (10): 1311-1325.

Laursen K, Salter A. 2006. Open for innovation: The role of openness in explaining innovation performance among UK manufacturing firms. Strategic Management Journal, 27 (2): 131-150.

Lawson C. 1999. Towards a competence theory of the region. Cambridge Journal of Economics, 23 (2): 151-166.

Lazaric N. 2000. The role of routines, rules and habits in collective learning: some epistemolocial and ontological considerations. European Journal of Economic and Social Systems, 14, 157-171.

Lee J. 1995. Small firms' innovation in two technological settings. Research Policy, 24 (3): 391-401.

Lei D, Hitt M, Bettis R. 1996. Dynamic core competences through meta-learning and strategic context. Journal of management, 22 (4): 549-569.

Leiponen A, Helfat C E. 2010. Innovation objectives, knowledge sources, and the benefits of breadth. Strategic Management Journal, 31 (2): 224-236.

Lenz R, Engledow J. 1986. Environmental analysis units and strategic decision making: A field study of selected 'leading edge' corporations. Strategic Management Journal, 7 (1): 69-89.

Leonard-Barton D. 1992. The factory as a learning laboratory. Sloan Management Review, 34: 23-23.

Leonard-Barton D. 1995. Wellsprings of Knowledge. Boston, MA: Harvard Business School Press.

Leonard-Barton D, Sensiper S. 1998. The role of tacit knowledge in group innovation. California Management Review, 40 (3): 112-132.

Leonard D. 1995. Wellsprings of Knowledge. Boston: Harvard Business School Press.

Levin R, Klevorick A, Nelson R, et al. 1987. Appropriating the returns from industrial research and development. Brookings Papers on Economic Activity (3): 783-831.

Levitt B, March J. 1988. Organizational learning. Annual Review of Sociology, 14: 319-340.

Li C, Chu C, Lin C. 2010. The contingent value of exploratory and exploitative learning for new product development performance. Industrial Marketing Management,

Lincoln Y S, Guba E G. 1985. Naturalistic Inquiry. Beverly Hills, CA: Sage Publications. , 39 (7): 1186-1197.

参考文献

Lindblom C E, Cohen D K. 1979. Usable Knowledge: Social Science and Social Problem Solving. New Haven: Yale University Press.

Lippman S, Rumelt R. 1982. Uncertain imitability: An analysis of interfirm differences in efficiency under competition. The Bell Journal of Economics, 13 (2): 418-438.

Liu X, White R. 1997. The relative contributions of foreign technology and domestic inputs to innovation in Chinese manufacturing industries. Technovation, 17 (3): 119-125.

Love J, Roper S. 1999. The determinants of innovation: R&D, technology transfer and networking effects. Review of Industrial Organization, 15 (1): 43-64.

Love J, Roper S. 2001. Location and network effects on innovation success: Evidence for UK, German and Irish manufacturing plants. Research Policy, 30 (4): 643-662.

Lyles M, Salk J. 2006. Knowledge acquisition from foreign parents in international joint ventures: An empirical examination in the Hungarian context. Journal of International Business Studies, 38 (1): 3-18.

Lynn G S, Skov R B, Abel K D. 1999. Practices that support team learning and their impact on speed to market and new product success. Journal of Product Innovation Management, 16 (5): 439-454.

MacKinnon D, Cumbers A, Chapman K. 2002. Learning, innovation and regional development: A critical appraisal of recent debates. Progress in Human Geography, 26 (3): 293-311.

Madhavan R, Grover R. 1998. From embedded knowledge to embodied knowledge: New product development as knowledge management. The Journal of Marketing, 62 (4): 1-12.

Malerba F. 1992. Learning by firms and incremental technical change. The Economic Journal, 102 (413): 845-859.

March J G. 1991. Exploration and exploitation in organization learning. Organization Science, 2 (1): 71-87.

March J, Olsen J. 1989. Rediscovering Institutions. New York: Free Press.

March J, Simon H. 1958. Organizations. New York: John Wiley.

Marshall A. 1920. The Principles of Economics. London: Macmillan.

Marshall A. 2006. Industry and Trade. London: Macmillan.

Maryam A, Dorothy E L. 2001. Review: Knowledge management and knowledge management systems: Conceptual foundations and research issues. MIS Quarterly, 25 (1): 107-136.

Maskell P, Malmberg A. 1999. Localised learning and industrial competitiveness. Cambridge Journal of Economics, 23 (2): 167-185.

Mazzoleni R, Nelson R R. 2007. Public research institutions and economic catch-up. Research Policy, 36 (10): 1512-1528.

McEvily B, Zaheer A. 1999. Bridging ties: A source of firm heterogeneity in competitive capabilities. Strategic Management Journal, 20 (12): 1133-1156.

McEvily S K, Chakravarthy B. 2002. The persistence of knowledge-based advantage: An empirical test for product performance and technological knowledge. Strategic Management Journal, 23 (4): 285-305.

McGrath R, Tsai M, Venkataraman S, et al. 1996. Innovation, competitive advantage and rent: A model and test. Management Science, 42 (3), 389-403.

Mehra A, Kilduff M, Brass D. 2001. The social networks of high and low self-monitors: Implications for workplace performance. Administrative Science Quarterly, 46 (1): 121-146.

Milliken F, Martins L. 1996. Searching for common threads: Understanding the multiple effects of diversity in organizational groups. Academy of Management Review, 21 (2): 402-433.

Minbaeva D, Pedersen T, Bjorkman I, et al. 2003. MNC knowledge transfer, subsidiary absorptive capacity, and HRM. Journal of International Business Studies, 34 (6): 586-600.

Mitchell W, Singh K. 1996. Survival of businesses using collaborative relationships to commercialize complex goods. Strategic Management Journal, 17 (3): 169-195.

Mohr J, Spekman R. 1994. Characteristics of partnership success: Partnership attributes, communication behavior, and conflict resolution techniques. Strategic Management Journal, 15 (2): 135-152.

Morosini P. 2004. Industrial clusters, knowledge integration and performance. World Development, 32 (2): 305-326.

Mowery D, Oxley J, Silverman B. 1996. Strategic alliances and interfirm knowledge transfer. Strategic Management Journal, 17 (1): 77-91.

Nadler J, Thompson L, van Boven L. 2003. Learning negotiation skills: Four models of knowledge creation and transfer. Management Science, 49 (4): 529-540.

Nadvi K. 1996. Small firm industrial districts in Pakistan. IDS D. Phil thesis. University of Sussex, Brighton.

Napolitano G. 1991. Industrial research and sources of innovation: A cross-industry analysis of Italian manufacturing firms. Research Policy, 20 (2): 171-178.

Nelson R, Winter S. 1982. An Evolutionary Theory of Economic Change. MA: Belknap Press of Harvard University.

Nonaka I. 1994. A dynamic theory of organizational knowledge creation. Organization Science, 5 (1): 14-37.

Nonaka I, Takeuchi H. 1991. The knowledge-creating company. Harvard Business Review, 6: 96-104.

Nooteboom B, van Haverbeke W, Duysters G, et al. 2007. Optimal cognitive distance and absorptive capacity. Research Policy, 36 (7): 1016-1034.

Oliveira M. 1999. Core Competencies and the Knowledge of the Firm. Dynamic Strategic Resources: Development, Diffusion and Integration. New York: John Wiley & Sons.

Olk P. 1997. The effect of partner differences on the performance of R&D consortia. In: Beamish P W, Killing J P. Cooperative Strategies: Asian Pacific Perspectives, San Francisco: New Lexington Press: 33-159.

Owen-Smith J, Riccaboni M, Pammolli F, et al. 2002. A comparison of US and European university-industry relations in the life sciences. Management Science, 48 (1): 24-43.

Oyelaran-Oyeyinka B, Lal K. 2006. Learning new technologies by small and medium enterprises in developing countries. Technovation, 26 (2): 220-231.

Pappas J M, Wooldridge B. 2007. Middle managers' divergent strategic activity: An investigation of multiple measures of network centrality. Journal of Management Studies, 44 (3): 323-341.

Parkhe A. 1993. "Messy" research, methodological predispositions, and theory development in international joint ventures. Academy of Management Review, 18 (2): 227-268.

Parra-Requena G, Molina-Morales F, García-Villaverde P. 2010. The mediating effect of cognitive social capital on knowledge acquisition in clustered firms. Growth and Change, 41 (1): 59-84.

Pavitt K. 2002. Innovating routines in the business firm: What corporate tasks should they be accomplishing? Ind Corp Change, 11 (1): 117-133.

Pelled L, Eisenhardt K, Xin K. 1999. Exploring the black box: An analysis of work group diversity, conflict, and performance. Administrative Science Quarterly, 44 (1): 1-3.

Peng D X, Schroeder R G, Shah R. 2008. Linking routines to operations capabilities: A new perspective. Journal of Operations Management, 26 (6): 730-748.

Pentland B, Reuter H. 1994. Organizational routines as grammars of action. Administrative Science Quarterly, 39 (3): 484-510.

Pentland B T, Feldman M S. 2005. Organizational routines as a unit of analysis. Ind Corp Change, 14 (5): 793-815.

Pinch S, Henry N, Jenkins M, et al. 2003. From 'industrial districts' to 'knowledge clusters': A model of knowledge dissemination and competitive advantage in industrial agglomerations. Journal of Economic Geography, 3 (4): 373-388.

Piore M, Sabel C. 1984. The second industrial divide: Possibilities for prosperity. New York: Basic Books.

Pisano G, Russo M, Teece D. 1988. Joint ventures and Collaborative arrangements in the telecommunications equipment industry. In: Mowery. International Collaborative Ventures in US Manufacturing, Cambridge, MA, 23-70.

Podsakoff P, Organ D. 1986. Self-reports in organizational research: Problems and prospects. Journal of Management, 12 (4): 531-544.

Polanyi M. 1967. The Tacit Dimension. New York: Garden City.

Porter M. 1991. The Competitive Advantage of Nations. London: Macmillan.

Porter M. 1998. Clusters and the new economics of competition. Harvard Business Review, 76 (6): 77-90.

Portes A. 1998. Social capital: Its origins and applications in modern sociology. Annual Review of Sociology, 24: 1-24.

Powell W, Koput K, Smith-Doerr L. 1996. Interorganizational collaboration and the locus of innovation: Networks of learning in biotechnology. Administrative Science Quarterly, 41 (1): 116-146.

Power D, Lundmark M. 2004. Working through knowledge pools: Labour market dynamics, the transference of knowledge and ideas, and industrial clusters. Urban Studies, 41 (5/6): 1025-1044.

Prahalad C, Hamel G. 1990. The core competence of the corporation. Harvard Business Review, 68 (3): 79-91.

Prencipe A, Tell F. 2001. Inter-project learning: Processes and outcomes of knowledge codification in project-based firms. Research Policy, 30 (9): 1373-1394.

Ragna Seidler-de A, Evi H. 2008. The use of tacit knowledge within innovative companies: Knowledge management in innovative enterprises. Journal of Knowledge Management, 12 (1): 133-147.

Reagans R, McEvily B. 2003. Network structure and knowledge transfer: The effects of cohesion and range. Administrative Science Quarterly, 48 (2): 240-267.

Reagans R, Zuckerman E. 2001. Networks, diversity, and productivity: The social capital of corporate R&D teams. Organization Science, 12 (4): 502-517.

Reed R, DeFillippi R. 1990. Causal ambiguity, barriers to imitation, and sustainable competitive advantage. Academy of Management Review, 15 (1): 88-102.

Reynaud B. 2005. The void at the heart of rules: Routines in the context of rule-following. The case of the Paris Metro Workshop. Industrial and Corporate Change, 14 (5): 847-871.

Rigby D, Zook C. 2002. Open-market innovation. Harvard Business Review, 80 (10): 80-93.

Rodan S, Galunic D. 2004. More than network structure: How knowledge heterogeneity influences managerial performance and innovativeness. Strategic Management Journal, 25: 541-556.

Rogers E. 1995. Diffusion of Innovations. New York: The Free Press.

Rosenberg N. 1982. Inside the Black Box: Technology and Economics. New York: Cambridge University Press.

Rothaermel F T, Alexandre M T. 2009. Ambidexterity in technology sourcing: The moderating role of absorptive capacity. Organization Science, 20 (4): 759-780.

Ryall M D. 2009. Causal ambiguity, complexity, and capability-based advantage. Management Science, 55 (3): 389-403.

Sammarra A, Biggiero L. 2008. Heterogeneity and specificity of inter-firm knowledge flows in innovation networks. Journal of Management Studies, 45 (4): 800-829.

Sandee H. 1995. Innovation adoption in rural industry: Technological change in roof tile clusters in Central Java, Indonesia. unpublished PhD dissertation, Vrije Universiteit, Amsterdam.

Saxenian A. 1991. The origins and dynamics of production networks in Silicon Valley. Research Policy, 20 (5): 423-437.

Saxenian A. 1996. Regional Advantage: Culture and Competition in Silicon Valley and Route 128. Cambridge, MA: Harvard University Press.

Scarbrough H. 2003. Knowledge management, HRM and the innovation process. International Journal of Manpower, 24 (5): 501-516.

Schildt H A, Maula M V J, Keil T. 2005. Explorative and exploitative learning from external corporate ventures. Entrepreneurship Theory and Practice, 29 (4): 493-515.

Schlender B. 1992. How Sony keeps the magic going. Fortune, 24 (92): 22-27.

Schrader S. 1991. Informal technology transfer between firms: Cooperation through information trading. Research Policy, 20 (2): 153-170.

Segelod E. 1997. The content and role of the investment manual—a research note. Management Accounting Research, 8 (2): 221-231.

Senker J. 2008. The contribution of tacit knowledge to innovation. Cognition, Communication and Interaction, 376-392.

Simon H. 1950. Administrative behaviour. Australian Journal of Public Administration, 9 (1): 241-245.

Simon H. 1991. Bounded rationality and organizational learning. Organization Science, 2 (1): 125-134.

Simonin B L. 1999. Ambiguity and the process of knowledge transfer in strategic alliances. Strategic Management Journal, 20 (7): 595-623.

Singh K. 1997. The impact of technological complexity and interfirm cooperation on business survival. Academy of Management Journal, 40 (2): 339-367.

Smart C, Vertinsky I. 1977. Designs for crisis decision units. Administrative Science Quarterly, 22 (4): 640-657.

Soekijad M, Andriessen E. 2003. Conditions for knowledge sharing in competitive alliances. European Management Journal, 21 (5): 578-587.

Song J, Almeida P, Wu G. 2003. Learning-by-hiring: When is mobility more likely to facilitate interfirm knowledge transfer? Management Science, 49 (4): 351-365.

Sorenson O, Rivkin J, Fleming L. 2006. Complexity, networks and knowledge flow. Research Policy, 35 (7): 994-1017.

Souitaris V. 2001. External communication determinants of innovation in the context of a newly industrialised country: A comparison of objective and perceptual results from Greece. Technovation, 21 (1): 25-34.

Spender J C, Grant R M. 1996. Knowledge and the firm: Overview. Strategic Management Journal, 17: 5-9.

Star S. 1989. The structure of ill-structured solutions: Heterogeneous problem-solving, boundary objects and distributed artificial intelligence. Distributed artificial intelligence, 2: 37-54.

Steiner M, Hartmann C. 2006. Organizational learning in clusters: A case study on material and immaterial dimensions of cooperation. Regional Studies, 40 (5): 493-506.

Stein E, Zwass V. 1995. Actualizing organizational memory with information systems. Information Systems Research, 6 (2): 85-117.

Stinchcombe A. 1960. The Sociology of organization and the theory of the firm. Pacific Sociological Review, 3 (2): 75-82.

Storper M. 1992. The limits to globalization: Technology districts and international trade. Economic Geography, 68 (1): 60-93.

Strauss A L. 1987. Qualitative Analysis for Social Scientists. Cambridge: Cambridge University Press.

Szulanski G. 1996. Exploring internal stickiness: Impediments to the transfer of best practice within the firm. Strategic Management Journal, 17: 27-43.

Szulanski G. 2000. The process of knowledge transfer: A diachronic analysis of stickiness. Organizational Behavior and Human Decision Processes, 82 (1): 9-27.

Tang F, Xi Y, Ma J. 2006. Estimating the effect of organizational structure on knowledge transfer: A neural network approach. Expert Systems with Applications, 30 (4): 796-800.

Tan S, Teo H, Tan B, et al. 1998. Developing a preliminary framework for knowledge management in organizations. Proceedings of the Americas Conference on Information Systems (AMCIS), 629-631.

Teece D. 1977. Technology transfer by multinational firms: The resource cost of transferring technological know-how. The Economic Journal, 87 (346): 242-261.

Teece D. 1986. Profiting from technological innovation: Implications for integration, collaboration, licensing and public policy. Research Policy, 15 (6): 285-305.

Teece D J. 1988. Capturing value from knowledge assets: The new economy, markets for know-how, and intangible assets. California Management Review, 40 (3): 55-79.

Teece D J. 1998. Research directions for knowledge management. California Management Review, 40 (3): 289-292.

Teece D, Rumelt R, Dosi G, et al. 1994. Understanding corporate coherence: Theory and evidence. Journal of Economic Behavior and Organization, 23: 1-30.

Tiemessen I, Lane H, Crossan M, et al. 1997. Knowledge management in international joint ventures. In: Beamish P W, Killing J P. Cooperative Strategies: North American Perspectives. San Francisco: New Lexington Press, 370-399.

Tsai W. 2000. Social capital, strategic relatedness and the formation of intraorganizational linkages. Strategic Management Journal, 21 (9): 925-939.

Tsai W. 2001. Knowledge transfer inintraorganizational networks: Effects of network position and absorptive capacity on business unit innovation and performance. Academy of Management Journal, 44 (5): 996-1004.

Usunier J, Lee J. 2005. Marketing across Cultures. Harlow: Prentice Hall.

Uzzi B. 1996. The sources and consequences of embeddedness for the economic performance of organizations: The network effect. American Sociological Review, 61 (4): 674-698.

Uzzi B. 1997. Social structure and competition in interfirm networks: The paradox of embeddedness. Administrative Science Quarterly, 42 (1): 35-67.

Uzzi B, Lancaster R. 2003. Relational embeddedness and learning: The case of bank loan managers and their clients. Management Science, 49 (4): 383-399.

van de Ven, A. Central problems in the management of innovation. Management Science, 1986, 32 (5), 590-607.

van Wijk R, Jansen J, Lyles M. 2008. Inter-and intra-organizational knowledge transfer: A meta-analytic review and assessment of its antecedents and consequences. Journal of Management Studies, 45 (4): 830-853.

Vega-Jurado J, Gutierrez-Gracia A, Fernandez-de-Lucio I. 2009. Does external knowledge sourcing matter for innovation? Evidence from the Spanish manufacturing industry. Industrial and Corporate Change, 18 (4): 637-670.

von Hippel E. 1986. Lead users: A source of novel product concepts. Management Science, 32 (7): 791-805.

von Hippel E. 1988. The Sources of Innovation. New York: Oxford University Press.

Walsh J, Ungson G. 1991. Organizational memory. Academy of Management Review, 16 (1): 57-91.

Wasserman S, Faust K. 1994. Social Network Analysis: Methods and Applications. New York: Cambridge University Press.

Weber J. 1992. Pure research, compliments of Japan. Business Week, 136-137.

Weiss A, Heide J. 1993. The nature of organizational search in high technology markets. Journal of Marketing Research, 30 (2): 220-233.

Wilson T, Hlavacek J. 1984. Don't let good ideas sit on the shelf. Research Management, 27 (3): 27-34.

Winter S. 1986. The research program of the behavioral theory of the firm: Orthodox critique and evolutionary perspective. Handbook of Behavioral Economics: Behavioral microeconomics, 151-188.

Winter S. 1998. Knowledge and competence as strategic assets. The Strategic Management of Intellectual Capital, Woburn. MA: Butterworth-Heinemann, 165-187.

Yamawaki H. 2002. The evolution and structure of industrial clusters in Japan. Small Business Economics, 18 (1): 121-140.

Yan A, Gray B. 1994. Bargaining power, management control, and performance in United States-China joint ventures: A comparative case study. Academy of Management Journal, 37 (6): 1478-1517.

Yin R K. 2009. Case Study Research: Design and Methods. CA: Sage Publications.

Yli-Renko H, Autio E, Sapienza H. 2001. Social capital, knowledge acquisition, and knowledge exploitation in young technology-based firms. Strategic Management Journal, 22 (6/7): 587-613.

Zahra S. 1996. Technology strategy and new venture performance: A study of corporate-sponsored and independent biotechnology ventures. Journal of Business Venturing, 11 (4): 289-321.

Zahra S A, Ireland R D, Hitt M A. International expansion by new venture firms: International diversity, mode of market entry, technological learning, and performance. Academy of Management Journal, 2000, 43 (5), 925-950.

Zahra S, Nielsen A, Bogner W. 1999. Corporate entrepreneurship, knowledge, and competence development. Entrepreneurship: Theory and Practice, 23 (3): 169-189.

Zander U, Kogut B. 1995. Knowledge and the speed of the transfer and imitation of organizational capabilities: An empirical test. Organization Science, 6 (1): 76-92.

Zbaracki M. 1998. The rhetoric and reality of total quality management. Administrative Science Quarterly, 43 (3): 602-605.

Zhang X, Bartol K. 2010. Linking empowering leadership and employee creativity: The influence of psychological empowerment, intrinsic motivation, and creative process engagement. The Academy of Management Journal, 53 (1): 107-128.

Zhang Y, Li H. 2010. Innovation search of new ventures in a technology cluster: The role of ties with service intermediaries. Strategic Management Journal, 31 (1): 88-109.

Ziman J. 1978. Reliable Knowledge. Cambridge: Cambridge University Press.

附录一
访谈提纲

一、企业简介
1. 请概括地讲一下贵企业发展的过程。
2. 请概括一下贵企业技术实力提高的过程。有哪几个大的飞跃?
3. 最近三年营业额分别是多少? 产品有哪几个系列?
4. 目前有哪几个大的客户?
5. 企业技术研发人员的大致组成情况。
6. 企业员工流动的情况。

二、企业技术学习概况
1. 企业获取技术信息的渠道有哪些?
2. 企业的技术难题一般如何解决?
3. 企业发展至今,哪些获取技术信息的渠道是比较重要的?
4. 与同行的交流多不多?
5. 从供应商那里一般了解到哪些信息?
6. 在产品、工艺改进过程中,客户给予的帮助有哪些?
7. 国外客户过来,企业经常做哪些事情?
8. 行业协会一般提供哪些信息?
9. 是否与高校或科研机构进行合作?

三、企业技术学习惯例概况
1. 企业对已获取的知识如何管理,以备今后使用? 请举例说明。
2. 企业新产品开发的过程是怎样的? 请举例说明。
3. 不同部门之间如何就产品、工艺改进或开发进行沟通?
4. 如何培养技术工人? 如何对企业内部员工进行培训?
5. 对员工采取哪些激励措施,鼓励其进行产品工艺研发或改进?

附录二
调查问卷

技术学习策略对集群企业创新绩效作用机制调查问卷

尊敬的先生/女士：

您好！本问卷为课题组进行的国家自然科学基金研究项目主要内容之一，旨在考察在产业集群发展的过程中，技术学习对集群企业技术创新的影响。问卷中的所有问题，答案没有对与错。若有某个问题所提供的选项未能完全表达您的意见，请选择最接近您看法的答案。若对某些选项不清楚，请求助贵单位相关人员协助完成。本问卷纯属学术研究，内容不涉及贵公司的商业机密，所获信息也不会用于任何商业目的。您的回答对我们的研究非常重要，请您放心并客观地填写，非常感谢您的合作！

一、基本信息

A1 您的姓名：_____；　　　　　　A2 现任职位：_____；

A3 您在该企业工作年限：_____年；　A4 企业名称：_____；

A5 企业所在地：_____省（自治区、直辖市）_____市；

A6 所在地邮编：_____；

A7 2008年销售额_____万元；2009年销售额_____万元；

A8 企业员工总人数为_____人；

A9 企业产权性质_____

（1）国有　　（2）民营　　（3）三资——外资控股　　（4）三资——内资控股

(5) 集体　(6) 其他，请注明_____

A10 企业主导业务所在行业：_____

(1) 纺织业　(2) 纺织服装、鞋、帽制造业　(3) 皮革、毛皮、羽毛（绒）及其制品业　(4) 医药制造业　(5) 塑料制品业　(6) 通用设备制造业　(7) 交通运输设备制造业　(8) 电气机械及器材制造业　(9) 工艺品及其他制造业　(10) 农副食品加工业　(11) 其他，请标明_____

A11 企业主导产品：_____；

A12 贵企业成立年份_____

二、技术创新绩效：请根据企业实际情况对如下方面进行相应的评价（在相应的数字上打"√"）。

总体上，近3年来我们企业，	很不同意	不同意	不太同意	无意见	有点同意	同意	完全同意
B1 来自新产品的销售额不断上升	1	2	3	4	5	6	7
B2 来自新产品的利润不断上升	1	2	3	4	5	6	7
B3 专利申请数量不断增加	1	2	3	4	5	6	7
B4 新产品达到了预期的利润目标	1	2	3	4	5	6	7
B5 我们比行业竞争对手更快地推出新产品	1	2	3	4	5	6	7

三、知识属性：请根据企业实际情况（过去3年）对如下方面进行相应的评价（在相应的数字上打"√"）。

总体上，在我们企业的主要业务领域中	很不同意	不同意	不太同意	无意见	有点同意	同意	完全同意
C11 容易通过产品说明、设计图纸、技术手册、公式等书面方式来获取知识	1	2	3	4	5	6	7
C12 容易通过与具有丰富经验的相关人员或专家进行交谈来获取知识	1	2	3	4	5	6	7
C13 在产品开发中，我们的技术开发人员对于经验是非常依赖的	1	2	3	4	5	6	7
C14 企业的生产流程有许多成文的手册、规程来指导操作和维护	1	2	3	4	5	6	7
C21 与产业集群内其他企业相比，我们与他们在产品上没有太大的差异	1	2	3	4	5	6	7
C22 与产业集群内其他企业相比，我们与他们使用的生产设备没有太大的差异	1	2	3	4	5	6	7
C23 与产业集群内其他企业相比，我们与他们在生产流程和工艺上没有太大差异	1	2	3	4	5	6	7

四、技术知识获取渠道的使用：请根据企业实际情况（过去3年），对如下技术知识获取渠道在企业技术/产品开发中的使用频度进行评价（在相应的数字上打"√"）。

近3年来，本企业与合作企业的关系	很不同意	不同意	不太同意	无意见	有点同意	同意	完全同意
①与集群内其他企业员工的交流和接触	1	2	3	4	5	6	7
②与集群外其他企业员工的交流和接触	1	2	3	4	5	6	7
③雇佣来自集群内其他同行企业的员工	1	2	3	4	5	6	7
④雇佣来自集群外其他同行企业的员工	1	2	3	4	5	6	7
⑤模仿来自集群内已有的或竞争对手的产品及技术	1	2	3	4	5	6	7
⑥模仿来自集群外已有的或竞争对手的产品及技术	1	2	3	4	5	6	7
⑦大客户（或上游厂商）提供的技术指导与培训	1	2	3	4	5	6	7
⑧在解决关键客户或特殊用户的技术需求和技术问题过程中获得的想法、反馈和技术经验	1	2	3	4	5	6	7
⑨与原材料及零部件供应商员工接触获得的想法和技术	1	2	3	4	5	6	7
⑩与设备供应商员工接触所获得的想法和技术	1	2	3	4	5	6	7
⑪与大学及研究机构的合作开发	1	2	3	4	5	6	7
⑫与集群内同行企业的合作开发	1	2	3	4	5	6	7
⑬与集群外同行企业的合作开发	1	2	3	4	5	6	7
⑭商会或行业协会提供的技术信息与培训	1	2	3	4	5	6	7
⑮通过技术许可获得的技术与知识	1	2	3	4	5	6	7
⑯通过专利公告披露的信息获取的技术知识	1	2	3	4	5	6	7
⑰来自技术出版物及技术性会议的技术知识	1	2	3	4	5	6	7

五、技术学习惯例：请根据企业实际情况（过去3年），对如下方面在技术/产品开发中的重要性和系统性（"系统性"指的是企业在如下做法/实践上有着相对明确的原则、程序、方法、套路，在企业中被系统性地运用）进行评价（在相应的数字上打"√"）。

在技术/产品开发过程中	重要性							系统性	
	很不同意	不同意	不太同意	无意见	有点同意	同意	完全同意	有	无
D1 获取外部技术知识									
D11 招聘刚毕业的大学生作为工程技术人员	1	2	3	4	5	6	7	1	0
D12 招聘有经验的工程师	1	2	3	4	5	6	7	1	0
D13 从技术出版物中获取技术知识	1	2	3	4	5	6	7	1	0
D14 从专利公告披露中获取技术知识	1	2	3	4	5	6	7	1	0
D15 从技术性会议中获取技术知识	1	2	3	4	5	6	7	1	0
D16 从行业性展览会上获取相关技术信息和知识	1	2	3	4	5	6	7	1	0
D17 参加商会或行业协会提供的技术培训	1	2	3	4	5	6	7	1	0
D18 去本行业内先进企业开展技术性访问	1	2	3	4	5	6	7	1	0
D19 鼓励技术人员接受再教育（如硕士、博士课程）或专业性技术培训（如硕士、博士课程）	1	2	3	4	5	6	7	1	0
D110 在解决关键客户或特殊用户的技术需求和技术问题过程中获得想法	1	2	3	4	5	6	7	1	0
D111 在接触供应商员工的过程中获得想法或技术	1	2	3	4	5	6	7	1	0
D112 从大客户（或上游厂商）处获取技术指导与培训	1	2	3	4	5	6	7	1	0
D113 与高校或研发机构的合作研发	1	2	3	4	5	6	7	1	0
D114 遇到技术问题，向高校或研发机构咨询	1	2	3	4	5	6	7	1	0
D115 在接触高校或研发机构人员的过程中获得想法或技术	1	2	3	4	5	6	7	1	0
D2 存储获取的外部技术知识									
D21 收集与该技术相关的市场需求、竞争者动态信息	1	2	3	4	5	6	7	1	0
D22 业务部门与研发部门共同决定哪些技术对于企业是重要的	1	2	3	4	5	6	7	1	0
D23 在决策的过程中通过多种渠道（如面对面交谈、邮件、电话等）进行沟通	1	2	3	4	5	6	7	1	0
D24 对于关键性技术，将拥有该类技术知识的关键员工留在企业	1	2	3	4	5	6	7	1	0
D25 对产品开发相关的文件和设计图等进行完善的保存和归档	1	2	3	4	5	6	7	1	0
D26 对于企业归档的产品开发相关的文件和技术资料，我们可以很容易地查询和使用	1	2	3	4	5	6	7	1	0

续表

在技术/产品开发过程中	重要性							系统性	
	很不同意	不同意	不太同意	无意见	有点同意	同意	完全同意	有	无
D27 对于已保存的技术知识，编制目录	1	2	3	4	5	6	7	1	0
D28 对员工提供激励，以支持技术文档的保存和分享	1	2	3	4	5	6	7	1	0
D3 对于已存储的外部技术知识，寻求机会重新利用									
D31 鼓励技术人员轮岗	1	2	3	4	5	6	7	1	0
D32 在企业内部组织研讨会共享技术知识	1	2	3	4	5	6	7	1	0
D33 在企业内部公开在研技术项目相关信息	1	2	3	4	5	6	7	1	0
D34 定期查阅企业积累的前期技术文档和资料	1	2	3	4	5	6	7	1	0
D35 企业在重新利用那些前期积累的技术之前，组织专家评估其可靠性和有效性	1	2	3	4	5	6	7	1	0
D36 提供激励措施，以鼓励员工挖掘尚未充分利用的已有技术和知识	1	2	3	4	5	6	7	1	0
D4 基于已存储的外部技术知识，进行技术/产品开发									
D41 为了重新利用企业前期已开发的技术，组建研发团队	1	2	3	4	5	6	7	1	0
D42 企业会不断地挖掘不同技术领域或业务领域之间的整合机会	1	2	3	4	5	6	7	1	0
D43 不同职能部门基于研发项目进行会面讨论	1	2	3	4	5	6	7	1	0
D44 拥有技术专家，他们能够促进职能部门之间与研发相关的非正式沟通和交流	1	2	3	4	5	6	7	1	0
D45 在研发过程中使用仿真、产品模型、绘图等方法促进不同部门之间的沟通	1	2	3	4	5	6	7	1	0

六、网络中心性：请根据企业实际情况对如下方面进行相应的评价（在相应的数字上打"√"）。

近3年来，本企业与合作企业的关系	很不同意	不同意	不太同意	无意见	有点同意	同意	完全同意
E1 当需要技术建议或技术支持时，本地企业经常向我们寻求帮助	1	2	3	4	5	6	7
E2 大多数企业对我们企业的技术水平和产品专利都比较了解	1	2	3	4	5	6	7
E3 本地企业容易与我们建立联系进行技术或经验交流	1	2	3	4	5	6	7
E4 本地企业经常通过我们企业交流技术或经验	1	2	3	4	5	6	7